人間関係が整うとすべてうまくいく

井上裕之
Hiroyuki Inoue

KADOKAWA

はじめに

潜在意識を正しく使ってストレスフリーの人間関係を手に入れる

理想は、「与え、与えられる」という循環の関係性

「上司と折り合いが悪い」
「パートナーと会話が足りず、ギクシャクしている」
「好きな人に振り向いてもらえない」

どのような方がこの本を手にしてくださるのか。おそらく、何らかの人間関係の悩みを抱えながらも、他の人に相談できず、一人で悩んでいる人が多いのではないかと想像します。書店に行けば、「人とうまくいくためのコミュニケーション術」「必要とされる人になる方法」「人に好かれるマナーや心遣い」といった本がいつの時代も実に多く並んでいま

す。このことからも、いかに多くの人が人間関係に悩み、改善したいと思っているかがわかります。それもそのはず。人が抱えるどんな悩みも、掘り下げればその根本は、人間関係の悩みだといっても過言ではないからです。

ところが**いまの私は、仕事でも、家庭でも、人間関係で悩むということがありません。**人付き合いのストレスはまったくないし、やりたいと思うことをすべて叶え、日々を謳歌しています。

「人間関係が煩わしくなって、人と距離を置いた生活をしているのでは？」

いえいえ、そんなことはありません。人付き合いを最小限にするという生き方を否定はしませんが、私は歯科医であり歯科医院の経営者ですから、日々、患者さんやスタッフと密なコミュニケーションを取る必要があります。歯科医の本業以外に、潜在意識の世界的な専門家として、人生を極めたいと考える人たちのためにセミナーや講座、コーチングを提供したり、さらには、多種多様なテーマで執筆活動もこなしています。

人を避けるどころか、一歩も二歩も踏み込んだコミュニケーションを必要とする場面がかなり多い世界で生きているといって良いでしょう。

そんな毎日ですが、私は人間関係を面倒だなどとは一切思っていません。

「もっと目の前の人の力になりたい」「私と関わったすべての人に（もちろん読者であるあなたにも！）人として成長してほしいし、自分の幸せを拡大していってほしい」と常々願っています。

なぜなら、**私がこれまで積み上げてきた実績や現在の幸福に、私の力だけで成し遂げたものは何一つとしてなく、多くの人が関わり、応援してくれたからこそ手に入れることができたものばかり**。人間関係の中での、「与え、与えられる」という循環の結果だと重々承知しているからです。

私たち人間は、誰とも関わることなく完全に一人で生きていくことは不可能。互いを思いやり、助け合い、双方がWin-Winの関係を築けてこそ、本当に豊かで充実した人生を歩むことができるのです。そうした「循環の関係」こそ、人と人の繋がりの理想形です。

「人間関係」と「潜在意識」を絡めた希少な本

「それはもうわかってます！　そうはいってもいい人ばかりじゃない。足を引っ張ろうとする人がいるんです（泣）」

「自分が与えるばかりで、損している気がします（苦）」

「私の周りは、自分さえ良ければいいという感じの人ばかり。私が困っていても、みんな知らん顔するだけです（怒）」

そんな声がたくさん聞こえてきそうですね。


結論からいいましょう。

私が良好な人間関係を構築できている秘訣は何か。それは人間関係において常に、潜在意識を使った最良のコミュニケーションを実践しているからです。また、24時間休むことなく、潜在意識という無限のパワーを効果的に活用し、人間関係を含め人生全体をクリエイトしているからです。

私たちの誰もが備えている潜在意識について、あなたはご存じでしょうか。

潜在意識とは、私たちの心の奥深くに秘められた、理想の人生を歩むための無限の能力であり、コンパスです。

潜在意識をご存じの方も多いかもしれません。引き寄せの法則とは、「心の奥深く（潜在意識）で強く願ったり信じたりしたら、その物事は思い通りに引き寄せられ、実現する」という成功法則です。

「引き寄せの法則」という願望実現の方法を通して、潜在意識をご存じの方も多いかもしれません。

確かに、引き寄せの法則において潜在意識は最も重要な役割を果たします。しかし、この法則だけによって、人生が思い通りになったという人は、限りなく少ないのではないでしょうか。私の元にも、「引き寄せがうまくいかない」という相談は山のようにやってきます。なぜうまくいかないのか、その理由を一言でいうなら、ほとんどの方は、潜在意識を正しく理解し、活用できていないからです。

もしあなたが潜在意識を効果的に活用したいならば、引き寄せの法則とはまったく別の潜在意識の活かし方を、私は提案します。それは「人間関係に潜在意識を活かす」ということ。そのほうが、「仕事で有能な仲間と組めますように」「あの人ともっと親しくなれますように」などと望む人、望む状況を引き寄せようとするより、ずっとスムーズに、しかも永続的に、良好な人間関係が構築できます。

しかも人間関係以外にも、仕事、お金、健康といった人生の重要事項もみんな一緒に底上げできます。

これが本書のテーマです。人間関係の本も、潜在意識の本も、世の中にはあまた存在します。しかし、「人間関係と潜在意識」を絡め、人間関係の困難を、潜在意識で解決する本は、国内外を問わず、私はまだ見たことがありません。

潜在意識がわかれば、相手のすべてを見通せる

潜在意識を人間関係に活かすとは、具体的には三つのプロセスをたどります。最初に、潜在意識という観点から、自分を徹底的に知り、もし「高めたい」と思う部分が見つかっ

たなら、自分を磨きます。自分のことがよくわからないままでは、他人を適切に理解することができるわけがなく、いい人間関係は築けません。

次に、自分の周りにいる人たちの本質への理解を深めます。潜在意識は、あらゆる人の本音、心の声を表します。目の前にいる人について、表面的な部分ではなく、潜在意識を見つめられるようになれば、相手のすべてを見通せます。私は、周囲の人から、「どうして井上先生は、私の考えがそんなにわかるのですか?」としょっちゅういわれます。それは相手の潜在意識にフォーカスしながら会話するからです。

潜在意識を通して、自分と周りの人のことがわかると、最終的に、どんな人間関係を選び、育むことが自分にとって理想なのかがわかってきます。**「あらゆる人間関係から、自分にとっても相手にとっても極上の幸せ、喜び、成長、成功を得よう!」**と思えるようになり、そうでない人間関係は改善するか、あるいは断ち切ることとなるでしょう。こうなれば、人間関係からストレスを被ることは一切なくなります。

潜在意識の一番の仕事は、あなたが理想通りの人生を歩む「道しるべ」になることです。

潜在意識は、あなたが幸せな人生を歩むために存在しています。

すでにこの本を手にした時点で、あなたの潜在意識は、人間関係が人生を左右する重要なファクターだと気づいています。あなたは、自身の人間関係に向き合い、望み通りの人生を歩もうとしています。

私たちは誰しも、潜在意識が求める通りに思考、行動しているのですから、人であれ、本であれ、出会いはすべて必然です。あなたの潜在意識が、この本を求め、より良い人間関係を求めているならば、この先のあなたには明るい未来しか待っていません。ワクワクしながら、この本を読んでみてください。

本書によって、あなたが潜在意識の真の使い手になり、ストレスのない人間関係を構築し、理想的な人生を送ることを確信しています。

CONTENTS

Chapter1

潜在意識を使って自分を的確に理解する

潜在意識の基本知識

潜在意識を使って自分を知る

潜在意識をもっと上質化する

Chapter 2 潜在意識を使って他者を理解し、人間関係を整える

潜在意識で人間関係を整える

Chapter 0

潜在意識で人間関係が整う仕組み

潜在意識にポジティブな情報を刻めば人生はもっと良くなる

突然ですが、いまのあなたは、〝理想の人生〟を生きていますか？

遠い昔には誰しも、すばらしい仲間たちとやり甲斐ある仕事をしている自分、温かで幸せな家庭、友だちに囲まれて楽しく過ごす余暇……さまざまな理想を描いていたでしょう。

でも実際には、「上司や仲間との関係に悩み、仕事を楽しむどころではない」「家に居場所がない」「心を許せる友だちがいない」……と、理想とは程遠いところにいる人も少なくないのではないでしょうか。

前述したように、いまの私は仕事もプライベートも順風満帆。もちろん、人間関係も全方位的に良好です。

平日の私は、北海道の帯広で、歯科医として患者さんの治療をしています。歯科医として向上するため、国内外の学会に出ることもあります。歯科医院の経営者でもありますから、クリニックの経営状況を把握したり、スタッフを指導したり、今後の経営指針も考えなければなりません。

そのような中でも、週末には必ず東京へ移動し、仕事の打ち合わせや取材を行ったり、コーチングをしたり、講演会を開催したり……。隙間時間にはこうして執筆もします。

学ぶことが大好きなので、読書は毎日楽しみます。学ぶだけでなく体を動かす習慣も大切。体力維持とボディメイクのため、週二回のパーソナルトレーニングと週一回のボクシングをそれぞれ欠かしません。


このような生活をすでに20年以上続けていると、「いったい井上先生はいつ休んでいるのですか?」とよく聞かれるのですが、正直なところ、わざわざ休みたいという気持ちにはならないのです。クリニックで患者さんと接するのも、本を書くのも、学会や講演会に出るのも、私にとって面倒なことは何一つなく、すべて私の好きなこと、情熱を注ぎたいこと。全部がやりたい活動、やり甲斐ある活動です。

だからどんなに忙しくても、疲れはまったくありません。

今年還暦を迎えるのが自分でも信じられないほど、私は常に、心身ともにエネルギーにあふれています。年を経るごとに自分が進化しているのを実感しています。

私の理想の人生を一言で表すならば、「ストレスなく、思い通りに生きること」。おかげさまで、いまこの人生は、まさに私の理想の通りです。この理想を念頭に置き、ここまで日々まい進してきました。きっとこれからもそうでしょう。

この理想を実現するにあたり、私に最もパワーを与えてくれているのが「潜在意識」の力です。潜在意識について語るとき、私はいつも「24時間３６５日、潜在意識で生きています」という表現をします。

潜在意識には、実にさまざまな特長があります。その中でも、私が最も大切だと考えている側面を一つ挙げるとしたら、**「潜在意識は知識の貯蔵庫。潜在意識にポジティブな情報を刻み込めば刻み込むほど、良い人生になる」**というものです。

人生は潜在意識にコントロールされている

ご存じの人もいらっしゃるでしょうが、私たちの中には、「顕在意識」と「潜在意識」という二つの意識があります。

潜在意識は、自分では気づくことができない意識のことです。別名、無意識とも呼ばれます。気づくことができないにもかかわらず、なぜそこには、人生を一変させるほどのパワーがあるのでしょうか。

顕在意識と潜在意識は、海に浮かぶ氷山にたとえられます。顕在意識は、氷山の海面より上側に浮かんでいる部分。その割合は、氷の塊全体のほんの3％ほど。一方の潜在意識は、海面より下に沈んでいて目に見えない部分。氷全体の97％を占めます。

私たちが普段、自分について意識できていることはたったの3％。無自覚の部分のほうが、はるかに大きいわけです。

「こんなふうに行動したい！」「こんな自分になりたい！」と顕在意識で考えていても、潜在意識がそう考えていなければ、残念ながら思い通りにはなりません。

潜在意識には、過去に経験したことやいわれたことなど、すべての情報が記録されています。

たとえばあなたに、大切だと思っていた相手に裏切られて、傷ついた経験があったとします。すると潜在意識には、「人を信じてはいけない」という思いが強く刻まれます。その思い込みがある限り、顕在意識のほうで「人を信じたい」といくら考えても、人を信じられない人生を送ることになります。

これはある女性の例ですが、彼女は自分のハスキーボイスを「老けた声」といわれて以来、自分の声がコンプレックスでした。自分の声を聞くのが嫌だから、人と話すのも億劫だったそうです。でも、ある友人が「アンニュイな雰囲気で、私はあなたの声が好き」といってくれたことで、「私の声は、すてきな声だったのか」と気づき、それ以降は、誰かと話すのが苦ではなくなったとのこと。プレゼンや講演も、まったく怖くなくなったということです。

ある人の心ない一言がきっかけで、潜在意識に「自分の声が嫌い」という情報が刻まれていたのが、別の友人のポジティブな言葉によって、潜在意識に「魅力的な声」と新しい情報が上書きされたということ。

私たちの行動も思考もすべて、潜在意識にどんな情報が刻まれているかによって決まるのです。だから誰でも、潜在意識に「こうありたい」という情報、自分の理想を刻み込みさえすれば、いかようにも人生を変えていけます。

人間関係もそうです。たとえ、いまのあなたの人間関係が全然うまくいっていなくて、人付き合いに苦手意識を持っていたとしても、**「私は人付き合いが得意」「私は周囲の人たちが大好き！　大切！」と潜在意識を書き換えれば、行動も思考も変わって、結果、本当に人付き合いがうまくいく**ようになるのです。

人間関係が整うと、すべて自動的にうまくいく

ところで、人生の幸福度を決める指標は、「お金」「仕事」「健康」「人間関係」の四つだといわれます。四つの指標のうち、どれが大事かと問われたとき、あなたはどれを優先しますか？　「お金」や「健康」のプライオリティが高く、「人間関係」が最下位という人が多いのではないでしょうか。

ひっかけ問題のようで申し訳ないのですが、どれか一つだけを選ぶのではなく、「全部が大切」と答えるのが正解です。どれか一つが極端にうまくいくと他の三つがうまくいかなくなるとか、四つの指標すべてを満たすことは困難だとか、そのように考える人は少なくないようですが、そんなことはありません。

パートナーシップにおいて「お金を取るか、愛情（人間関係）を取るか」のように考えたことはありませんか？　あるいは、休む暇なくハードな仕事に取り組んでいるとき、「自

分にとって大事なのは仕事なのか、健康なのか」のように考えたことはありませんか？　それは、あなたの潜在意識が、両方の指標を満たすことなどできない、と思い込んでいるからかもしれません。

でも、その思い込みは誤りで、四つの指標すべてを満たすのは、誰にとっても可能です。

ここで大事なことを述べましょう。実は、**「お金」「仕事」「健康」という指標は、「人間関係」がうまくいけば、自動的にすべてうまくいきます**。だから、人生全体の幸福度を高めるためには、まずは人間関係の幸福度の向上に取り組めばいいのです。

お金や仕事をもたらすのは、他でもなく、あなたの周囲の人です。昨今の新型コロナウイルス感染症の流行で、多くの飲食店が廃業しました。しかしその一方で、お店のファンによる支援が集まって、廃業を免れたお店もありました。たとえ廃業したとしても、多くの人から応援され、愛されたお店が、再びよみがえった例もありました。

健康の良し悪しも、人間関係と連動します。「ストレスは万病の元」とはよく聞く言葉ですが、近年さまざまな研究によって、ストレスによって免疫力が下がったり循環器系や消化器系に障害が及ぼされたり、あるいは生活習慣病が引き起こされたりすることが明らかになっています。

では、ストレスの原因はなんなのか。有名な心理学者のアルフレッド・アドラーは「悩みの九割は、人間関係が原因」といいました。「ストレス」と「悩み」では、言葉のニュアンスに少々の違いはあるかもしれませんが、人間関係のストレスは、健康を害する主な原因の一つだといえそうです。

なお、ハーバード大学で行われたある研究調査でも、「人生の幸福に最も重要なのは人間関係」と実証されています。ハーバード大学が約８００人を対象に75年かけて実施した、史上最長の追跡調査で報告された結果です。

それによると、調査対象者のうち最も幸せに過ごしたのは、頼れるコミュニティに属していたり、家族や友だちに恵まれていたりする人たちでした。**「どれだけお金を持っているか」「どれだけの名声を得られたか」ということよりも、「どれだけいい人間関係を築けたか」が、幸せを感じる一番の要素だった**ということです。

また同調査によって、五十歳の時点で幸せな人間関係に恵まれていた人は、八十歳になっても健康だったということも明かされています。

人間関係からの幸福は、他のどんな幸福よりも大きい

物質的な喜びを否定するつもりは、まったくありません。私自身もこれまでに、さまざまな形で、物質的な成功や幸福を手にしてきましたから。でも、いい人間関係を築き、周囲の人を喜ばせる、人の役に立つというのは、自分が欲しいものを自分のために手に入れたときよりも、はるかに大きな幸福です。

人間は物質的な幸福よりも、精神的な幸福によって満たされるものです。自分一人で感じる幸福よりも、人と分かち合える幸福によって満たされるものです。

実際、こんな事例があります。オーストラリアで長年にわたり緩和ケアに従事したブロニー・ウェア氏が、死ぬ前に後悔することトップ5について、自身の著作で紹介している

のですが、その五つの中に、「もっと富や権威がほしかった」などというものは一つもありません。それよりも、「自分の気持ちを、人に正直に伝えれば良かった」「もっと家族や仲間と過ごす時間を多くすれば良かった」など、精神的な豊かさについて後悔する人のほうが、圧倒的に多かったそうです。

潜在意識レベルの信頼を育む心がけ

ところで話は変わりますが、私は患者さんを治療するとき、だいたいいつも、治療とは関係ない会話から始めます。

どんな患者さんも、治療の前は少なからず緊張しているものです。なぜ緊張するのかというと、その人の潜在意識に、何かしらの不安や心配があるから。それがこれから始まる歯の治療に対するものなのか、他の悩みからくるものなのかはわかりません。しかしいずれにしても、より良い治療をするためには、緊張はできるだけほぐしたほうが、患者さんにとっても私にとってもメリットが大きいです。だから、緊張をほぐすため、他愛もない会話からスタートするのです。

天気や季節の話をすることもあります。「前回の治療のとき、この患者さんは、九州に旅行に行くといっていたな」と覚えていれば、「九州はいかがでしたか?」と聞いてみます。

もし、明らかにいつもより元気がないようなときは、「どうしましたか? 悩みだったらいつでも聞きますよ」と声をかけたりもします。たいていの場合、「井上先生、聞いてもらってもいいですか」となり、「実は、親の介護の問題で悩んでいて……」「夫婦で、子どもの進路について意見が合わなくて……」など、皆さん、困っていることを話してくださいます。治療とは直接関係のないことですが、せっかく患者さんが、私のことを信頼して、自己開示してくださったわけですから、私はどんなご相談にも、誠心誠意アドバイスをさせていただきます。

そうしたプロセスを経ると、患者さんの緊張が解けるとともに、**患者さんたちの潜在意識には、「井上先生は私を理解してくれた」「井上先生が私の悩みを気にかけてくれた」「井上先生は安心、信頼できる相手だ」という情報が刻み込まれます。**そこまでいって私はようやく、「今日はこういう治療をしていきますね」と切り出すのです。

こうして人間関係をつくっておくと、患者さんたちはどなたも、こちらの治療方針について納得してくださいます。治療にも最大限協力してくださるので、難しい治療でも、いつもスムーズに進めることができます。

「人の幸せ=自分の幸せ」になると、人間関係が整い出す

こうしたやり方について、同業者の方から、「治療以外の相談を受けるなんて、面倒ではないですか?」と質問されたことがありますが、とんでもないことです。

私としては、私のクリニックに来てくださる大切な患者さんには、歯だけでなく心も体も、まるごと健康で幸せになってほしい。「歯だけじゃなくて人生全部が整ったよ!」と患者さんに実感していただくことが、私にとって最大の喜びなのです。

いってしまえば、歯科医である以上、患者さんに求められたレベルの治療をすること、期待に応えることは当然の使命です。それだけにとどまらず、患者さんに本当の意味で満

足してもらうには、患者さんをもっと知らなければならない。患者さんをもっと本質的に理解する必要がある。そう私は考えています。

心理学、コーチング、四柱推命や九星気学などの運命学に至るまで、人間分析に役立つ多様な知識を得て、人を知る技術を私が磨き続けているのは、そのためです。

そして、それら人間分析に関わるさまざまな知識をより効果的に活かすために必要となるのが、潜在意識についての学びです。なぜなら、**潜在意識の知識と活かし方を心得ていれば、人の気持ちに寄り添った会話ができる**から。

適切な会話があれば、分析の精度はいっそう高まり、どんな人との人間関係も自ずと良くなるということです。

知識や学びを得るというと、「収入を増やすため、職業の選択肢を増やすためには、何の資格を取ればいいか」と考える人が大半でしょう。それも悪くはないのですが、それよりも先に人間分析に関わる学びを得るほうが、お金や仕事での理想を達成する近道になるかもしれません。人のことがよくわかり、どんな人ともいい会話ができるようになり、さらには周囲の大切な人たちの潜在意識に自分への安心、信頼の念を書き込めれば、結果として、お金や仕事に困ることはなくなるのではないでしょうか。

学びを活かして、誠実な生き方、人に喜ばれる生き方をしていれば、いざというときに力を貸してくれたり、有意義な情報をもたらしてくれたりする人が現れるもの。「人の幸せが、自分の幸せ」。そのような思考を、自分の潜在意識に刻み込み、そのような行動や思考が自然にできるようになると、あなたの人生は一変します。

それが、潜在意識を人間関係に活かすということです。

自分を理解することが、人間関係を整える第一歩

では、具体的にどうしたらいいか。本書では、「潜在意識という観点から、自分自身のことをよく知る」「潜在意識という観点から、相手のことを知り、人間関係を整える」の二段階に分けてお話しします。

まずチャプター1では、自分自身をよく知る方法をシェアします。人間関係を整えるに

おいて、ここが最も大事なプロセスです。なぜなら、**自分を知り、自分と深く繋がって、そうしてようやく他者とも深く繋がることができる**からです。

本章の冒頭で、「〝理想の人生〟を生きていますか?」と質問しました。「こんな人生を生きたい。そのために自分はこうありたい」という理想が明確でないなら、かなりの確率で、「こういう人間関係に身を置きたい」「こういう人と付き合いたい」という理想も明確にイメージできないと思います。

もしあなたがそういうクリアでない潜在意識の状態だと、あなたの一つ一つの行動や思考も、筋が通っておらず、曖昧、あやふやなものになります。そして、あなたと同じようにいろんなことがあやふやになっている人が次々と現れて、お互いがどんな好影響をもたらし合えるのかわからない、喜びや成長が得られるのかわからない、何の役に立つのか立たないのかもわからない人付き合いを、なんとなくこなすことになります。

自分にとって理想の人間関係を求めるなら、「**自分はこれからどうなっていきたいか**」

「どんな人間関係の中で生きていきたいか」という自分の理想をハッキリさせ、潜在意識に刻んでおくことが第一歩。このことをセミナーなどで話すと、「人付き合いで最も大切なのは、嫌われないようにすることだと思っていました」「人の顔色を窺って、いい人を演じていなければ、付き合いはうまくいかないと思っていました」という感想を頂くことがよくあります。こういうふうに話す人の多くは、繊細で、相手のことばかりを大切にしていて、自分だけがストレスを背負うのが当然のことだと思っています。

でも私が提案したい人間関係は、相手も自分も大切にして、双方が満足できるコミュニケーションです。どちらか一方がストレスを感じることで維持されている人間関係は、決して良い関係ではありません。

「自分を知る」とともに、「自分を上質な方向に変える」方法もご提案します。

次にチャプター2で扱うのが、相手をよく知り、人間関係を整える方法です。理想の人間関係、理想の人生を叶えるためには、どんな人と関わっていけばいいのでしょうか。

ポイントは「共に成長できる相手かどうか」。理想を共感し、応援してくれる人は、共に成長できる相手である確率が高いです。そんな人ならきっと、心から信頼でき、一緒に過ごしていても心地が良く、一緒にいればいるほど、もっと長い時間を共にしたくなります。そうして時間を共有するうち、自分も相手から信頼され、選ばれるようになれば、最高の人間関係が構築されることとなります。

チャプター2の後半では、多くの人が抱えがちな、具体的な人付き合いの悩みを例に挙げつつ、潜在意識を使ったコミュニケーション術も伝授します。最良のコミュニケーション、すなわち**「相手の気持ちに寄り添いながら、相手の理想も自分の理想も叶える」**という人付き合いの姿勢が誰でもすぐ身につくよう、実践的な内容を心がけました。

誰かと接する中で、ストレスを溜め込んだり、嫌な思いをしたりする必要は、もうありません。**与え合い、分かち合い、応援し合える、そんな理想的な人間関係に、一切のネガティブ感情は不要です。**

さぁ！　潜在意識を活かしながら、自分も相手ももっと幸せになれる人間関係を、クリエイトしていきましょう！

Chapter 1

潜在意識を使って
自分を的確に理解する

1

眠れる潜在意識を目覚めさせて、無限のパワーで生きよう

自分のことも宇宙のことも潜在意識は何もかも知っている

私がこの本で説く人間関係を整えるためのアドバイスは、すべて潜在意識の法則に基づいています。

私が潜在意識を本格的に学ぶようになってから、早いもので30年が過ぎました。

私は、やると決めたら徹底的にやる性分です。潜在意識の活用法を確立したジョセフ・マーフィーについて学びを深める過程では、ありがたいことに、マーフィーの著作を翻訳、出版する機会にも恵まれました。出版させていただいた本はいずれも高い評価を受け、いまも売れ続けている作品も複数あります。

そうした実績も評価されてか、マーフィーの遺志を受け継ぐ米国の教育機関、ジョセフ・マーフィー・トラストから世界初のグランドマスターの称号も頂きました。以降、今日に至るまで、より多くの人が幸せになる潜在意識の使い方を研究し、出版や講演によって多くの人に伝え続けてきました。

潜在意識の活用法の一つとして知られる「引き寄せの法則」が流行して以来、潜在意識について聞きかじったことのある人は著しく増えましたが、もしあなたに、潜在意識に関する正しい知識がまったくなかったら、この本の理解が中途半端なものになってしまいます。そこで潜在意識の特性について、いい人間関係を構築するために特に重要だと考えられるものを、いくつかご紹介させてください。

前述したように、私たちの意識は大きく二つに分けられます。意識の表層的な部分を司る顕在意識と、その奥に潜んでいる潜在意識です。

たとえばあなたの部署に、横柄な上司が、部長として赴任してきたとしましょう。あなたは顔ではニコニコしますが、内なる声は「わぁ、こういうタイプってサイアク」と表情とは真逆のささやきをしてくる……そんな経験はありませんか。**この内なる声の正体こそが潜在意識です。潜在意識にあるのは、いつだって、あなたの正直な「本音」**。一方、あなたが顔ではニコニコしたのは、顕在意識の働きによる「建前」のアクションです。

人は顕在意識と潜在意識という両方の意識によって常にコントロールされているのだと、いち早く主張したのは、心理学者のジークムント・フロイトです。フロイトの研究により、潜在意識が私たちの行動、思考、意志決定に大きな影響を及ぼしていることが解き明かされました。

フロイトの潜在意識研究からさらに見解を深めたのが、心理学者のカール・グスタフ・ユングです。ユングは人間の意識を氷山にたとえて、「顕在意識は海の上に顔を出しているわずかな部分にすぎない」と指摘しました。さらにユングは、「潜在意識は記憶の貯蔵庫である」とも定義しています。ここでの記憶というのは、私たちが生まれてから今日までの、個人的な過去の記憶のことだけではありません。宇宙が創造されて以来、先祖代々受け継がれてきた人類共通の記憶も意味します（「集合意識」「集合的無意識」と呼ばれることもあります）。

潜在意識は、意識全体のおよそ97％を占めるともいわれていますが、多くの人はそのうちのごくわずかしか活かせていません。もし、いまはほとんど使われていない潜在意識のすべてを開花させることができたら……なんだかすごそうだと思いませんか？

それが潜在意識には無限のパワーがあるといわれる所以です。

2

変わりたいなら、新しいあなたになる習慣を最低3週間続けよう

望ましい行動を愚直に繰り返すと、人生は変わる

フロイトやユングの功績は非常に大きなものですが、潜在意識をこの世に広く知らしめたのは、なんといってもジョセフ・マーフィーです。マーフィーこそが、潜在意識の使い方を体系化し、現実での活用法として進化させた功績者です。

マーフィーは、100年ほど前に牧師として活躍していた人物です。明晰な頭脳とあくことなき探究心で「人は誰にでも、思いを現実化する奇跡の力＝潜在意識」があることに気がつきました。次第に一人でも多くの人に潜在意識の偉大なる力とその活用法を知ってほしいと思うようになると、セミナー活動や執筆に力を注ぐようになりました。

彼の著書の一冊、『眠りながら成功する』（三笠書房／新装版は産業能率大学出版部）は日本でも時代を超えてロングセラーになっています。

私は現在、歯科医として仕事をしながら、全国各地を飛び回って講演やセミナーを行い、書籍も数多く出版させていただいています。そうした生き方に導かれたきっかけは、マーフィー博士の著書との出合いでした。私自身、一心に強く願うことで、まさに奇跡としかいいようのない体験をしてきました。

マーフィーの言葉の一つに、**「習慣は反復によって形づくられます。良い習慣を身につけるにも、悪い習慣を克服するにも、繰り返しの行動が必要です」**という有名なフレーズがあります。

潜在意識には「その人の習慣を司る」という機能があります。

生き物が、体温や心拍数などを一定に保とうとするホメオスタシスの働きや、食べ物の消化・吸収・排泄、血圧の調節、呼吸の調節や条件反射なども、実はすべて潜在意識が制御しています。潜在意識はいつだって、人間が生命を維持するために合理的な働き方をしているのです。

潜在意識の第一の使命は、私たちの命を守ること。だから基本的に、生命を脅かすようなことは絶対にしたくないし、危険な目にも嫌な目にもあいたくない。ゆえに、あなたが変化を望まなければ、潜在意識は現状維持を選ぶのです。

でもあなたは変わりたい。この本を手に取ったあなたは、きっと「人付き合いの苦手な自分を卒業したい！　人生を変えたい！」と思っているはずです。

そのためには、**とにかくその目的に対して望ましい行動を起こし、その行動を日々繰り返すこと。潜在意識に「これは習慣なんだね」と思わせることです。**

たとえば、「朝、会社についたらニコッと笑顔で挨拶する」とあなたが決めたとしたら、まずは最低3週間、反復してください。そのうち「ニコッと挨拶しないとなんだか気持ち悪くて、仕事が始められないな」と思えてきたのなら、潜在意識が、新たな行動を習慣として認識し始めたサインです。

地味に思えるかもしれませんが、変えたいことや「こうしたい」ということがあったら、まずはあなたが意識的に繰り返し行うしかありません。

逆に何かやめたいこと、「こうしたくない」ということがあるときは、潜在意識がその習慣を忘れてしまうまで、あなたが意識的に行動をセーブするしかありません。

そうやって一定期間、あなたにとって望ましい行動を反復するのが、潜在意識を効果的に使う方法の一つです。

3

潜在意識に、あなたの願望実現への熱意をしつこいくらいに伝えよう

目的地さえ決めれば潜在意識は永遠にあなたの味方

ここまでの話に対して、「潜在意識を使うには、イメージが大事なのではないでしょうか？　行動や習慣がないとダメなんですか？」と思った人もいるかもしれません。

こうなってほしいと願う未来を、すでに起きているかのようにありありとイメージするのが、引き寄せの法則の基本です。

たとえば、苦手な上司とうまくやりたいなら、自分と嫌いな上司がともに笑顔で仲良く仕事をしている姿を思い描くとか。あるいは、けんかの絶えない夫婦なら、穏やかに家族団らんしている二人をイメージするとか。いまはまだ自然体では話せない意中の異性と、何気ない会話をしている姿を思い浮かべるとか……。

書店に行くと現在もたくさん「引き寄せ」の本が並んでいます。

そのほとんどは、そのような「願っただけで実現する」「イメージすれば引き寄せられる」というもので、いわば、エネルギーの力だけでなんとかしようとしているということです。

しかし、「引き寄せ難民」という言葉もあるように、実は引き寄せの法則には、簡単には結果を出しにくい側面もあるようです。なぜなのでしょうか。

原因は二つあります。**一つには、潜在意識を焚きつける「熱意」が抜け落ちてしまっているから。二つ目には、結果を出すための「行動」が伴っていないからです。**

確かに、潜在意識を目覚めさせ、活用していくプロセスは、願望を明確に描くところからスタートします。あなたがリアルに描いた映像は、潜在意識にダイレクトに願望を届けます。ただし、その映像をただ一回届けたらじゅうぶんだということは決してありません。高い熱意で、何度も何度も届け続けるのです。

潜在意識には、オートパイロット機能が装備されています。**「私はこうなる」という目的地（願望）を設定さえすれば、あとはそこを目指して自動で到達してくれる、とても便利なシステム**です。

このシステムを使いこなすには、大切なポイントがあります。それは、目的地を見失わないこと。目的地を忘れたり、曖昧な設定をしていると、願っていたのとは全然違うところに飛んでいくか、たいていは元の場所に戻ってきてしまいます。目的地を見失わないために必要なのが、まさに、願望実現への熱意です。

あなたの熱意がすでにじゅうぶんなら、あとは、「絶対に叶える」と思い続け、そのためにとにかく行動し続けること。「2年以内に月商〇〇〇〇万円を達成する」とか、「3か月後のピアノの発表会までに、課題曲を暗譜で美しく弾きこなす」とか、何らかの目標を掲げたなら、そのイメージを描くだけでなく、それに向かって何らかのアクションを起こすのが大切です。

あなたが諦めない限り、潜在意識は、必ずゴールへ到達します。そのプロセスでたとえ失敗が続いたとしても、**あなたの熱意と行動があるなら、潜在意識はどこまでも付き合ってくれます。**

目的地が、「いい人間関係を築く」のような抽象的なものであっても同じこと。本気でそうなりたいなら、その目的地に到達すべく、熱意と行動を維持するだけです。

4

「イメージ＋行動」で願いを実現するスピードを加速しよう

エネルギーだけに頼るより
行動するほうが圧倒的に変化は早い

「引き寄せの法則」の理論的背景では、量子力学の説明が用いられます。量子力学の世界では、「世の中のすべてのものは突き詰めれば量子エネルギーで、すべての量子は繋がっている」という理解が主流になっています。

引き寄せの法則では、その量子エネルギーのことを「波動」や「波長」と呼び、「すべては波動でできている」「願っているものと波長が合えば、引き寄せられる」などと説明します。

しかし、量子エネルギーの研究は、まだわかっていない部分も多いのが現状です。量子力学を含む宇宙物理学では、私たちが暮らすこの宇宙全体のエネルギーのうち、約七割は「暗黒エネルギー」とも呼ばれる謎の存在が占めていると考えられています。

エネルギーの大部分は未だ解明されておらず、私たちが知っているのは全体の何分の一か。エネルギーにはまだまだ謎が多いのです。

そもそも、すべては繋がっているといったって、**「コーヒーが飲みたい」と強く願うだけで、魔法のように、何もない空間からマグカップに入ったコーヒーがサーブされるなんてことはありません。**残念なことですが、それは誰でもわかります。私たちの三次元の世界には、空間や次元の制限があるため、イメージや念力だけで物質を動かすことができません。コーヒーが飲みたければ、自分でお湯を沸かすなり、人に頼むなり、カフェに行くなり、行動しなければなりません。

だからといって、私は「エネルギーの世界は信用ならないですよ」と結論づけているのではありません。何らかの事象が起こるとき、確実に、エネルギーの共鳴は起きています。それは真実ですが、私たちが現実世界で、目に見えないエネルギーを操って願望実現に結びつけられるほど、人間はまだ進化していない。そう私は考えています。この辺りの真相はまだ「藪の中」で、物理学の進歩と、我々の進化を待つしかなさそうです。

念力やイメージなどエネルギーの作用でなんとかしようとするより、現時点では、現実的な行動を起こすほうがよっぽど夢の実現は早いと断言します。

マーフィーは『眠りながら成功する』という有名な著作を遺しました。でも実は、**マーフィーは「願うだけで、あとは何もせず寝ていればいいよ」とはいっていません。**

牧師だったマーフィーは、彼の元に相談に訪れた人に対して、きっと「神に祈ること」の重要性を説いたことでしょう。それが「願うだけ」と誤って解釈された可能性はあります。しかし、マーフィーにアドバイスを受けた人々は「祈るだけ」ではなく、いまある悩みを解決するため、願いを叶えるために、現実的に行動していました。彼の本をよく読めばわかります。

成功哲学の大家、ナポレオン・ヒルの『思考は現実化する』（きこ書房）も同様です。この本のタイトルもまた、「思っていれば願いは叶う」と都合よく解釈されがちですが、彼が成功のために必要だと語っているのは、「目標設定を明らかにし、それに向かって一心不乱に努力する」というものです。

少し厳しい表現かもしれませんが、読み手の読解力が足りないために、名著の内容が誤解され、結果に結びつけられていないことが往々にしてあるのです。

「こうなりたい！」と思うエネルギーは大事です。ただ、そのエネルギーを行動に転換し、習慣まで落とし込まなければ、潜在意識を味方にして思い通りに人生をクリエイトすることはできません。

5

ポジティブな言葉を重ねて、前向きな発想を潜在意識に刻もう

潜在意識は、ただあなたの日頃の思いを現実化しているだけ

潜在意識は、善悪の区別ができません。

「良いこと」「悪いこと」という基準は一切関係なしに、あなたがいつも考えていること、常識だと思っていることを、あなたの望みとして受け止め、実現しようとする特徴があります。

たとえば、**あなたが「私は人付き合いが下手」と思っているのは、潜在意識にいつしか刻まれた「人付き合いが下手」という情報が、現実化してしまった世界を生きているから**かもしれません。

どうか注意してほしいのですが、あなたが「人付き合いが下手」「人間関係がうまくいかない」などと思ったり口にしたりするたびに、潜在意識には、そのネガティブな情報がいっそう深く刻み込まれます。

潜在意識からすると、何度も同じイメージが繰り返し入ってくるわけですから、「それだけあなたが望んでいることなのですね。だったら、もっとその世界を生きられるようにしてさしあげましょう」となるでしょう。こうしてあなたは、「人付き合いが下手」という世界から、どんどん抜け出せなくなるのです……。

反対にあなたが、「私は誰とでもうまく付き合える」と思っているとしたらどうでしょう。あなたは、潜在意識にある「人付き合いが上手」という情報が、現実化した世界を生きることになります。そして「私は誰とでもうまく付き合える」「いろんな人と知り合うのって楽しいな」などと思えば思うほど、口にすればするほど、潜在意識にあるそのポジティブな情報が強化されます。

するとあなたは、「もっと人とうまく付き合うにはどうしたらいいだろう！」と、より発展的な人間関係を望み、イメージするようになります。

たとえば「○○さんの誕生日を調べて、おめでとうメールを送ろう！」というアイディアが降りてくるかもしれません。「おしゃべりがしたいな」と思い浮かべた人から、絶妙なタイミングで連絡をもらえるかもしれません。そうして、ますます人間関係に好循環がもたらされるのです。

ここで振り返ってほしいのが、普段のあなたの言葉です。愚痴、悪口、否定、批判、３Ｄ言葉と呼ばれる「だって、でも、どうせ」……。そんなネガティブ言葉のオンパレードになっている人は、意外と少なくありません。

いうまでもありませんが、私たちは、思考でも会話でも、いつも言葉を使っています。一日のうちに頭の中で起きる思考を数えると、なんと５０００にも達するそうです。それらの思考の多くが、ネガティブな言葉によるものだったなら、あなたの人生はどうなってしまうでしょう。恐ろしくありませんか？

後ろ向きな言葉を、一日に何度も何度も使ったり聞いたりしていると、後ろ向きな情報が潜在意識に入り込みます。声に出さなければ、人に聞かれなければセーフということではありません。

良い言葉も、悪い言葉も、自分の言葉はすべて、誰よりも自分に届いています。良い人生、良い人間関係に身を置きたいなら、意識的にポジティブな言葉を使う習慣は、絶対に欠かせません。

6

不要な記憶を消去してから、新しい価値観をインストールしよう

顕在意識と潜在意識の間の不一致を解消すると願いは叶いやすくなる

「ネガティブ言葉を使うなといわれても、いいたくていっているわけじゃない。いいたくないいけど、いわせるような人がいるんだ……」と思うこともあるかもしれません。

そう思ったときは、人間関係にネガティブな考えを持つに至った原因を、丁寧に探ってみましょう。

「なぜ愚痴りたくなる人ばかりに囲まれているのか?」「なぜ夫婦で会話すると、いつもけんかになるのか?」「なぜ上司は私にだけ厳しいのか?」「なぜいつも人間関係がうまくいかなくて、仕事を辞めることになるのか?」……。**うまくいかない原因がわからないまま、ただ前向きな言葉を使って、ポジティブな考えや価値観を刻み込もうとしても、ものすごく時間がかかります。**最悪の場合、何も変わらない可能性もあります。


あなたの潜在意識には、これまでの人生で得てきた信念、思い込み、常識といったものがたくさん貯蔵されています。

その中には、「メンタルブロック」「トラウマ」などと呼ばれるネガティブな記憶も当然あって、あなたの今の人間関係をギクシャクさせています。そのような記憶を持ち続けるのか、消去するのかは、あなた次第です。もっと幸せになりたいのに、そのプロセスを阻む記憶なら、いつまでも大事に抱えていても仕方ありません。

これは、講演会などでよく用いるたとえ話なのですが、アイスコーヒーの入ったグラス（過去の記憶・自分にとっての常識や価値観）に、オレンジジュース（新しい考え方）を少しずつ足していくとします。

いくらオレンジジュースを注ぎ足しても、そのコーヒーは、完全なオレンジジュースにはならないでしょう。新しい考え方の自分になるには、まずカップの中のコーヒーを捨ててしまって、それから新しいオレンジジュースを入れるしかありません。

しかし、**過去の記憶や常識を引きずったまま、新しい価値観を取り入れようと努力する人は、驚くほど多い**のです。

私たちは日々、多くのことを見聞きします。その情報は、まず顕在意識に取り込まれ、一部の情報は潜在意識へ送られ、長期間にわたって保存されます。潜在意識が司る感覚的な意識は、顕在意識よりも優先されます。一説によると、両者のエネルギーの差は一：九とも、一：無限ともいわれます。圧倒的に潜在意識の影響が大きいということです。

つまり、**あなたの顕在意識では「愚痴をいいたくない」「けんかをしたくない」と希望していても、潜在意識のほうで、愚痴をいうこと、けんかすることが、あなたの習慣であり望みだと捉えているうちは、顕在意識の希望は通りません。**

「やりたいけど怖い」「チャレンジしたいけど難しそう」「願ったってどうせ無理」……。自分を変えたいと思っているはずなのに、そうなってしまうのは、過去の記憶や習慣を引きずっているせいで、顕在意識と潜在意識の間でギャップが生じているからです。二つの意識が、違う方向を見ているからです。

潜在意識にある、いまの自分にとって不要な記憶はなんなのか。それを見つけ、手放し、顕在意識と潜在意識の間にある不一致を解消すれば、夫婦げんかを避けるにせよ、上司とうまくやるにせよ、願いは叶いやすくなります。

7

潜在意識への質問を繰り返して、変化と成長の道すじを知ろう

潜在意識に質問すると
どんな答えも必ず見つけてくれる

いらない思い込みや習慣の手放し方としては、「嫌なことを紙に書き出し、破ったり燃やしたりする」といった方法が紹介されることが多いようです。

確かに、「書き出して、ごみ箱に捨てる」というやり方は、心理学的な心の整理の仕方として、広く知られています。実際、紙に書けば頭の中が整理されますし、それを捨てれば、不要なエネルギーが自分の中から取り除かれます。

しかし、所詮この手法は気休め程度だと、私は考えています。というのも、残念ながらこれだけでは、潜在意識の根深い記憶までは手放せません。一時的には手放せたように感じたとしても、しばらくすれば復元されます。

それよりも、**その思い込みや習慣が生じた原因に、正々堂々と向き合ってしまったほうがずっと早い**。自分自身を成長させることにも繋がります。

たとえば、あなたは「なぜ上司は私にだけ厳しいのか。理不尽じゃないか」と悩んでいるとします。どんなときに厳しいと感じるのでしょうか。上司があなただけに厳しく接する理由としてどんなことが考えられるでしょうか。原因を明らかにするために、自分に質問してみましょう。原因がわかれば、解決法もセットでついてきます。

「いつも会議の後に、厳しくあたられる気がする」——その答えが浮かんだなら、あなたの会議での発言や振る舞い、準備の仕方などについて、顔をしかめたくなるところがあるのかもしれません。

「残業していると、あたりがキツい気がする」——その答えが浮かんだなら、あなたの仕事ぶりで残業しているのが、納得いかないのかもしれません。

「朝の挨拶をしても、機嫌の悪そうな顔をされる」——機嫌の悪い顔をさせないくらいの爽やかな挨拶をすれば、対応が変わるかもしれません。あるいは、あなたのほうで相手の機嫌を気にするのをやめるのも、解決方法の一つです。


自問自答のアクションは、潜在意識を大いに喜ばせます。なぜなら潜在意識は、成長することが大好きだから。

自分を変化させ、成長させるための質問を投げかければ、潜在意識は必ず、何らかの答えを見つけ出してくれます。

未熟な自分を見つめるのは嫌なこと、面倒なことだと思ったかもしれません。しかし、そうして得た気づきが、あなた自身の成長に繋がれば、潜在意識にとっての大きな快感となるのです。

落ち着いて考えれば、誰かと関係性がうまくいかないとき、その原因は、自分のほうにあるかもしれません。それなのに、相手のせいにして被害者になっていませんか。相手のせいだと考えておくほうが、自分自身が傷つかずに済むし、自分を納得させやすいからでしょうか。

思い通りにならない人付き合いにおいては、**まず「自分に原因があるのでは？」と考え、その原因を見つけ、原因解決のためにできることに取り組むほうが、意外と近道**なものです。思い当たる原因を一つずつ解決していって、それでも相手の態度が変わらない、関係性が変わらないなら、そのときはそのとき。自分にやれることをすべてクリアしたなら、あなたはもう相手の顔色を窺うこともなくなっていて、その関係性に対して、後ろめたさも心地悪さもない状態に変わっているはずです。

8

科学的にも解明の進む潜在意識を信頼し、願望の実現に活かそう

ひらめきやシンクロさえ
すでにその仕組みは解明されている

潜在意識を「あやしい」「科学的でない」と考える人は、昔より減ったとはいえ、まだ一定数いらっしゃいます。でも潜在意識の存在は、すでに脳科学でも認められています。

脳の奥には、左右一つずつ、「海馬《かいば》」という小さな器官があります。

海馬は、記憶を整理する働きを担っています。海馬はまず、あなたが見聞きした情報を集め、短い期間限定の「短期記憶」として保管します。次に、この記憶の中から、覚えておくべき記憶と忘れていい記憶に仕分けます。仕分けの基準は二つ。自分の生存に関することかどうか。それから、自分にとって大事なことかどうか。いずれかの基準をクリアした記憶だけが、「長期記憶」として長く保存されることになります。

短期記憶は、いま自分が意識している領域の記憶ともいい換えられます。カンのいい人はもう気づいたでしょうか。そうです。短期記憶の正体は「顕在意識」です。

一方、長期記憶は、保存されてはいるのですが、自分で意識することはできない領域の記憶です。長期記憶の正体は「潜在意識」。長期記憶は、それまでの忘れてはならない経験が詰まった、大切な記憶の領域です。

ハーバード大学の研究によると、**楽しい未来をイメージすると、右脳側の海馬が活発に活動する**そうです。たとえば私が、「人に恵まれ、クリニックをさらに繁盛させたい」と願っているとします。私が、スタッフやお客様に囲まれている自分をワクワクとイメージすると、海馬はそれを「重要な情報である」と判断し、長期記憶、すなわち潜在意識に保管するとともに、「この願望を叶えるためにはどうしたらいいのだろうか？」と動き出します。

また、脳にはＲＡＳ《ラス》（Reticular Activating System）という働きがあります。簡単にいうと、自分にとって本当に必要な情報だけを選択して脳にインプットできる、フィルターシステムです。ＲＡＳが機能すると、私たちは、無数の情報の中から、願望成就に繋がる情報に効率的にフォーカスできます。

たとえば「何気ない会話の中から、問題解決のヒントを見つけた」のような偶然のひらめきも、ＲＡＳのおかげ。ひらめきもシンクロも、決して非科学的なことではありません。脳のしくみがうまく活かされた結果として、起きるべくして起きている現象です。

Check!

厳選！潜在意識を味方にする8ポイント

日常で意識したい潜在意識の活用のコツを紹介します。

- ポジティブな言葉を使う
- すべて自分次第と肝に銘じる
- ネガティブな思い込みは原因を見つけ、手放す
- 目的がブレないよう、明確に意識する

□ 何事も一朝一夕では成し遂げられないと心得る

□ 問題から逃げない

□ 自らの「成長」のために、思考し、行動する

□ 「なぜそうなったと思う？」「本当はどうしたい？」わからないことは潜在意識に質問する

9

人間関係の問題をズルズルと先延ばしにするのはもうやめよう

問題を解決するのも悪化させるのも
他でもない自分次第

ここまでで、潜在意識を活用するポイントを紹介してきました。その内容を踏まえて、今度は、自分自身を掘り下げていきます。

自分が何者かを知り、自分の理想を明確にしていきましょう。自分の理想がわからない限り、潜在意識が活性化することはないからです。

さて、少し厳しいかもしれませんが、最初にお伝えしておきたいことがあります。人間関係で悩んでいるのは、あまりいい時間の使い方とはいえません。

クリニックの患者さん、コーチングやカウンセリングのクライアント、仕事の関係者、講演会の参加者、読者の方々、それから友人たち。私はさまざまな方面から、相談ごとや悩みごとを持ちかけられることがあります。その中の多くを占めるのが、やはり、人間関係についてです。

もちろんどんな場面でのどんな相談でも、私は誠実に話を聞き、真剣に答えますが、否が応でも気になってしまうことがあります。それは、**人間関係に悩む多くの人たちが、悩みの解決を先延ばしにして、一つの問題をズルズルと引きずっている**という点です。

本来、私たちは誰しも、潜在意識を使えばどんなことでもできる、可能性に満ちあふれた存在です。しかし、**人生の時間は限られています。時間は有限で、命にはいつか終わりがくる。それだけは、どうすることもできません。**

「上司の考えには反対だけど、自分の意見もいいづらい」「彼氏と別れようか別れまいか」「友だちに貸したお金が返ってこないが、催促できない」「ママ友から避けられているかもしれない」「いま仕事をやめたら、周りからどう思われるか」……どうしよう、どうしよう、と頭の中で堂々巡りを繰り返すばかりで、解決を図れないのはなぜでしょう。

なぜ人間関係の悩みは解決が難しいのかというと、一つには、解決の過程で、傷ついたり、誰かを傷つけたりするのが怖いから。面倒だから。それで、他のジャンルの悩みと比べて、問題が先送りにされがちなのです。

それから、自分が悩んでいる問題なのにもかかわらず、他者の問題にすり替えがちなのも、解決が遅れる理由です。人間関係の問題について、あなたは「でも、上司があんなふうにいうから」とか、「だって、田中さんが……」「どうせ、鈴木さんは……」などと考えていませんか？　もしそうだとしたら、そんな思いはただちに手放してください。なぜなら、人のせいにしていても、あなたの抱える問題は、絶対に解決しないからです。誰かが反省したり、変わったりするのを待つよりも、自分の行動や思考を見直すほうが、解決までの道のりははるかにスピーディです。

多くの人は、人間関係は自分と他者の関係であると考えています。しかし、それは違います。すべては自分の問題です。人間関係を良くするのも自分なら、悪くするのも自分。つまり、自分次第で人間関係の悩みから脱出することもできるし、理想の人間関係を構築することもできます。

だから、**人間関係を良くするには、何よりも最初に自分を知ること。特に意識したいのが、「自分はどう生きていきたいのか」を明確に知ること**です。

人生は選択の連続です。自分のことがわかると、選択肢がたくさんある中でも、他の人の意見に流されることなく、自分にとって最適な選択ができます。そうなれば、いまの自分に不必要なことに、貴重な時間やエネルギーを割くこともなくなります。

10

考えるのが苦手だった自分を反省し、深く考えるクセをつけよう

成功者たちはみんな
思考にふけり、潜在意識を磨いている

「自分が何をしたいかわからない」「本当の望みがわからない」「自分は何が好きなのかわからない」……。それは、自分が何者であるかをわかっていないということ。

どうしてわからないのか。ハッキリいってしまいますが、これまでのあなたが、そのことを考えてこなかったから。自分はどんな人間なのかというテーマについて、真剣に向き合うことがなかったからです。

考えない人、考えるのが苦手な人の潜在意識は、いうなれば、思考停止状態です。考えるべきことが起きても「私にはわからない」と、考えることから逃げてしまいます。だからいつまでたっても大事なことが決められず、その結果として、「こんなはずじゃなかったのに」と思うような残念な人生を引き寄せるのです。

そうして何が不満なのかわからないながらも、何かが満たされない日々にストレスがたまり、周りの人ばかりがキラキラ見えて、「私はなんてダメなんだろう！」と絶望……。そんな生きづらさも、元をたどれば自分を知らなすぎるからです。

でもだいじょうぶです。この本を手に取ったからには、今日から、考えることから逃げない自分に変わりましょう！

たとえば、あなたはある企業の新入社員だとします。優しそうな先輩が、あなたに「質問があったらどんなことでも聞いて」というから、あなたは何もかも先輩に聞くようになり、すると先輩が「それくらい自分で考えろ！」と怒ってしまった。よくある話です。

このとき、「なぜ先輩は怒ったのか」をあなたは考えますか？ 先輩の怒りについて、「先輩は、自分で考えることの大切さを教えてくれたのだな」などと捉えられますか？ おそらく多くの新入社員は、そこまで考えないでしょう。

「人間関係がうまくいかない」に限らず、「仕事がスランプ。何をどう改善したらいいだろう」にせよ、「いまの職場に残る？ それとも転職する？」にせよ、もっと問題と向き合うほうがいいです。何か困ったことが勃発したら、問題を解決するためにあなたがするべきなのは、考えること一択。そうして、自分なりの原因と解決法を見つけるのです。

潜在意識を磨くため、人生をより良くするため、深く考えるクセをつけましょう。「私の人生ですべきことは何？」「私は何がしたい？」などと質問すれば、潜在意識は必ず何らかの答えを導いてくれます。**潜在意識には、あなたにとって必要な情報が豊かに貯蔵されているからです**。だから、考えることを諦めないでください。「わかった！」「これで問題が解決できる！」という気づきと成長の喜びは、あなたの潜在意識をいっそう上質にします。

成功者と呼ばれる人たちは、ほぼ例外なくみんな、考えることを当然の習慣としています。「もっと良くなる方法はないか。もっと人に喜んでもらえるやり方はないか」と深く考え続けています。自分の至らないところを真摯に見つめ、改善しよう、さらに学ぼうという姿勢です。そうやって、たとえ潜在意識の仕組みを詳しく知らないとしても、知らず知らずのうちに潜在意識を日々磨いているわけです。

そのような人は、常に進化し続けるので、時代がどんなに変わろうとも、社会から求められる人材であり続けられるのです。

11

諦めなければすべての夢は叶う！
やろうと思ったことはすぐにやろう

すべての願望は
潜在意識による「成功予告」

人間は誰しも、自分の実力だと思っている能力の何十倍もの能力を潜在的に備えていま す。そう理屈ではわかっていても、多くの人は、いまの自分以上の存在に変わることができません。それはなぜでしょうか。

「潜在意識にはオートパイロット機能が備わっている」とお伝えしましたね。目的地が決まれば、そこに向かって自動的に進めるというシステムです。目的地というのは、「こうなりたい」という願望や欲求です。つまり、願望や欲求があって初めて、あなたの潜在意識は働き出すものなのです。

私はいつも、**「何のために生きるのか」「人生の目的は何か」「自分の価値はどこにあるのか」**ということを自分に問いかけています。それは一言でいえば、私の人生をかけたミッションは何なのかということです。

ミッションを持つと、その願いが達成されたときの理想的な状況、すなわちビジョンが描けるようになります。そして、それを達成するための目標が明確になると、具体的にどんな行動を起こせばいいかが見えてきます。

要は、まずは願望がなければ、私たちは先に進めないということ。その願望は、どんなに大きくても構いません。むしろ、大きければ大きいほど達成し甲斐があります。「起業してグローバル企業のトップになる」でも、「いまは事務職をしているけど、ダンサーになりたい」でも、どんなことでも構いません。

自分で想像できないものは、実現しようがありません。でも逆にいえば、いまのあなたに想像できる理想の未来は、どんなものであっても実現できるのです。

アインシュタインも、「人間が頭で考えることは、すべて実現可能である」という名言を残しています。

もう何十年も前のことです。あるとき私は、ニューヨーク大学でインプラントの最新技術を学びたいと願いました。しかし当時の大学には、日本人の受講を認めた前例はありませんでした。そこで私は、諦めるのではなく、「前例がないならつくればいい！」と考え、ニューヨーク大学にアピールするために、自分が担当した症例写真を送り、受講にあたってはどんな条件でも受け入れる旨を伝えました。

アメリカとは時差があったため、深夜に電話でやりとりする日々が続きました。私は願望を実現させるために、ねばり強く交渉を続けました。

その結果、ついに扉は開きました。私は、日本人初の受講者として大学に受け入れられ、最高の学びの機会を得たのです。

諦めなかったおかげで、当時の最新技術を身につけることができたばかりか、ニューヨーク大学とは現在まで良いパートナーシップが続いています。

そのときの私が、なぜ願望達成を諦めなかったのか。それは「どんな願望も、諦めなければ必ず叶う」と知っていたからです。

「～したい」「～になりたい」という願望がどこからやってくるかといえば、潜在意識から。潜在意識は、その願望が叶うまで、どこまでも理想を追求します。いわば、**願望とは、潜在意識による「成功予告」のようなものなのです**。

しかも潜在意識は、こうなったら世界が驚くぞ！というような、突拍子もないレベルのワクワク感にこそ、強く刺激されます。あなたも、際限ない夢を描いてみてください。

12

高い山を登るなら、ベビーステップで着実に登っていこう

あなたを変えることができるのは
あなた自身の行動だけ

現状の自分とはかけ離れた目標を、あなたは叶えられますか？

たとえば、「自分は暗い性格だから友だちができない」「自己主張が苦手だから上司に目をかけてもらえない」というように、人間関係がうまくいかない原因は自分の性格にあると考えて、「性格を一変したい」と願う人はおおぜいいるでしょう。

でも、「性格をガラリと変えるなんて、とても難しそう。そんな目標を持つのはバカみたい」と、ほとんどの人は、せっかく立てた目標を否定すると思います。

私は、決してそうは思いません。

仮にあなたが「性格をガラリと変え、おおらかな人になりたい」と思っているとします。ではまず、あなたにとって、おおらかな人とは、どんな人でしょうか。ちょっと考えてみてください。

「穏やかで温厚」「誰とでも円満に付き合う」「些細なことにこだわらない」「明るく前向き」「心にゆとりがある」「器が広い」……こんな項目が思い浮かんだとします。

次に、この中には、あなたがいますぐ実践できる項目はありますか？

たとえば、「穏やかで温厚」なら実践できそうだと思ったとしましょう。

それは、きっとあなたの中で、いつも自然な笑みを浮かべるようにする、優しい口調で話すようにする、動作をゆっくり丁寧にしてみる……のように、具体的なアクションがイメージできたからです。

このように、**「性格をガラリと変える」のような一見難しそうな目標でも、いますぐできることを小さな単位で探してみると、意外となんとかなりそうに感じられる**ものです。小さな課題を設定して、それを一つ、また一つ、とベビーステップ（無理のない小さな一歩）でこなしていくと、そう遠くないある日、自分の中に変化の片鱗が見えてきます。

行動を変えると、自分の意識が変わるとともに、周りの反応もみるみる変わっていきます。そうしていつのまにか、あなたの性格は大きく変わっていきます。

もし、「私にはそんなことできない！」と行動をためらってしまうなら、それは、あなたの潜在意識が、いまの自分のままでもいいと思っているからかもしれません。

でも、繰り返しになりますが、あなたを変えることができるのは、あなた自身の行動だけ。「いまのままでいい」と何もしないうちは、現実は変わりません。

たとえば、「シャワーを浴びたい」と思ったら、あなたはバスルームに行って、服を脱いで、温度調整して蛇口をひねってシャワーを浴びます。いつまでも部屋でボーッとしていても、天井からシャワーが降ってくるわけがないからです。このように、普段のあなたは、願望を叶える前に必ず行動を起こしています。

大きな願望でも、プロセスは同じです。

そもそも、願望を「大きい・小さい」「難しそう・簡単そう」などと判断するのは顕在意識です。**潜在意識は「大きい・小さい」「高い・低い」「困難・簡単」といった相対的な価値観を持っていません**。潜在意識からしてみると、「シャワーを浴びたい」と「性格を一変したい」に、本質的な差はないのです。

13

10年後の理想の自分と、2年後の理想の自分をイメージしよう

いまの自分とはかけはなれた大胆な目標が大きな飛躍を促す！

自分はどんな願望を持っているのか。

自分はどういう人間であり、どのような人生をこれから歩みたいのか。

ただ漠然と「成功したい」「幸せになりたい」と思っているだけではダメです。ノートを一冊用意して、いまから明確な目標を立ててみましょう。自分の中で「こうなりたい」という具体的なイメージが湧いてきて初めて、潜在意識には、進むべき目的地がわかるからです。**目標を立てるのは、潜在意識を上質化するいいトレーニングになります。**


私はコーチングで、多くのクライアントの方々の人生設計のお手伝いをしているのですが、ここで紹介するのは、そこでもよく用いているワークです。

目標は二段階で設定します。一段階目として、まず10年後の理想の自分をイメージします。あまり緻密に考える必要はなく、「こんなふうにありたいな」という漠然としたものでだいじょうぶです。

いうまでもありませんが、世界はいま、驚くほどのスピードで移り変わっています。正直なところ、10年後にどんな世の中になっているかなんて、誰一人としてわかりません。

だから、自分の10年後についても、厳密に考える必要はまったくありません。**自分にとっての理想の10年後を、ポジティブかつ大胆にイメージしてください。**

次に、第二段階としてイメージするのは、2年後の自分です。

なぜ2年後なのかというと、いまの時代感覚では、1年後ではあっという間すぎて、理想を自由にイメージしたり、大きな変化を実現する余地がありません。かといって3年後だとちょっと遅い。3年分のプランを立て、遂行し、理想を現実化するというスピード感ではぬるいのです。いまより成長した自分をイメージし、具体的な計画を立案、実行していくなら、最もやりやすいのは2年後です。

説明が長くなりましたが、ではいよいよペンを執りましょう。「理想の人間関係」「理想の健康状態」「理想の仕事とお金」「理想の見た目」「理想の趣味や余暇」の五項目について、まず10年後の「こうありたい」をノートに書きます。

それを踏まえて、次に2年後の理想についても、同様に書きます。あとでブレないように、こちらはできるだけ具体的に。10年後の理想に確実に到達するための途中経過として、2年後を設定するという感覚でやってみてください。

2年後について書く際は、一つずつの項目に対して、「具体的な行動計画」も立ててみましょう。その行動に、どんな人が関わってくるか、誰と協力するかを想像すると、いい計画が立てられます。なぜなら、**夢や目標を実現させる道のりには、人との関わりが不可避だからです。**

もしかすると、「目標設定といわれても、何から始めていいかわかりません……」とひるんでいる人もいるかもしれません。

その場合は、自分の頭の中だけ、自分の想像が及ぶ範囲の中だけで理想を描こうとしないほうがいいです。たとえば、「自分もこうなりたい！」と思うロールモデルを見つけて、目標にするのはいかがでしょうか。いまの自分に近い程度のレベルの人でなく、自分とはまるで違う環境にいる人を目標とするほうが、ワクワクしますし、自身の大きな成長に繋がります。

14

「理想にどのくらい近づいた？」と自分を振り返る習慣をつけよう

成長したいなら
苦手を克服する姿勢が不可欠

2年先の理想の自分と、そのために必要な行動計画を定めたら、できれば毎晩、「今日はその計画を、十段階中どのくらい達成できたかな」と寝る前に振り返りましょう。

たとえば、あなたは英語教師だとします。2年後の目標は「生徒から信頼され、『あの先生の授業はおもしろい』と評価されている」。そのための行動は、「生徒一人一人に適した丁寧な教え方」「英字新聞に触れ、生徒の興味を引く話題を準備」「生徒たちとすれ違う際に英語で声をかける」「憧れの先生がたに、積極的に教えを乞う」です。

日々、項目それぞれについてどのくらい達成できていたかを確認し続けてみると、1週間ほどで、得意な項目と苦手な項目が見えてきます。得意に気づけると、理想に対しての前向きな姿勢が維持しやすくなります。でもそれだけではだめで、ここで重要なのは、苦手への気づきです。**人が着実に成長するには、苦手を克服する必要があるからです。**

植物には、水、二酸化炭素、光、窒素、リン酸、カリウムが必要で、一つでも欠けていると成長できないそうです。人も同じ。理想を叶えるための行動が一つでも足りないと、成長は叶いません。

15

未来の理想の自分から、いまの自分に質問してもらおう

いま努力すべきことが見えたら
それを淡々とこなせばいい

「こうなりたい」という理想の自分がイメージできたら、そうなるために何が必要か、いまの自分には何が足りないかを探ります。このとき、理想を実現した未来の自分から、いまの自分へ、いくつか質問してもらうと、いますべきことが見つかりやすいです。

未来の自分、すなわち、「すでに理想を生きている自分」をまずイメージして、その理想の自分に、自身の過去を思い出すかのような感じで、質問をしてもらいます。**最初の質問は「理想の自分になるには、いまの自分には何が必要？　何が足りない？」**です。

あなたも、未来のあなたと会話できるよう、事例を挙げてみましょう。

未来の自分「理想の自分になるには、いまの自分には何が必要？　何が足りない？」
いまの自分「ワクワク仕事をしている自分が理想。いまはワクワクが足りない」
未来の自分「なぜワクワクしないのかな？」
いまの自分「能力が足りなくて、目の前のことをこなすので精一杯。仕事の楽しみを味わう余裕がないし、周りの仲間とのコミュニケーションも足りない」

未来の自分「どうすればいい？」
いまの自分「何かスキルを高めるために、資格を取るのはどうかな」
未来の自分「それで問題解決になる？　あなたに必要なのは、本当に資格の勉強？」
いまの自分「うーん……違いそう。大変なときに、周りの人に相談したり協力を頼んだりする姿勢が足りないのかも」
未来の自分「その姿勢は、どうやったら身につく？」
いまの自分「困っているときやサポートしてほしいときだけでなく、普段から周りの人とのちょっとした雑談を意識的に増やす」
未来の自分「そのために必要なことは？」
いまの自分「親しみやすい人柄。それから、人に対する積極性も」
未来の自分「そのためにできることは？」
いまの自分「日頃の明るい挨拶、声かけ。私からだけでなく、周囲からも気持ち良く声をかけてもらえるように、職場ではいつも穏やかな表情で過ごす」
未来の自分「最近、余裕がないせいか、眉間にシワが寄りがちだったんじゃない？」

いまの自分「確かに。明日からはシワは寄せない」
未来の自分「その状態をイメージしてみて」
いまの自分「親しみやすい自分。人と協力し合える自分。余裕を持って仕事している自分、がイメージできる。このイメージの先に、仕事にワクワク取り組む理想の自分、未来の私がいる気がする！」

未来の自分に質問してもらうメリットは、主に三つ挙げられます。

第一に、質問者である未来の自分は、将来に悪影響を及ぼすような嫌な質問、あなたが答えにくい質問は決してしません。それから、正しい目的地にたどりつけない行動を起こしかけているときには、その行動を止めてくれます。さらに、目的地に到達するために本当に必要なプロセスに気づけるよう、丁寧に質問を重ねてくれます。要は、**努力すべき方向を正しく見極められるように、助けてくれる**ということです。

もちろん、未来の自分との対話によって、理想の自分をより具体的にイメージできるのもメリットの一つです。

16

どんなお付き合いをしたいのか、理想をハッキリさせよう

相手を変えようとしなくても
自分次第で人間関係は思うまま!

いい出会いがないと悩んでいる人は多くいます。私が思うに、その第一の原因は、人間関係への理想がなさすぎる点ではないでしょうか。

「どんな人と出会いたいか」「大切な時間を、どんな人とともに過ごしたいか」という理想を思い浮かべられない人、思い浮かべようとしても漠然としている人が、とても多いと感じています。

あるとき、「真剣にパートナーを探しているんです！　一流の人と出会いたいんです！」と相談してきた人がいました。しかし、一流といっても、いろいろな一流があります。いわゆる「一流企業に勤めている人」のことかもしれないし、そうではなく、「料理の腕が一流」「容姿が一流」「ゲームのプレイが一流」とか……。

ちなみに私の理想のパートナーは、「一緒にいてリラックスできる人。私の仕事に理解があって、成長を応援してくれる人。自分も趣味を持つなどして前向きな人」です。

結局のところ、**出会いがない人は、自分がどういう人を望んでいるか、その対象がまだ明確でない**のです。「優しい人がいい」「お金持ちがいい」「笑顔がすてきな人がいい」

などというような曖昧な理想しかない状態では、潜在意識も、出会いを叶えるためにどんなふうに働けばいいかわかりません。

優しいとは、どんなふうに優しいのか。お金持ちとは、どれほどの資産を持っている人なのか。笑顔がすてきな人がいいといっても、本当にそれだけでいいのか……。理想像をハッキリさせて、潜在意識に繰り返し伝えることが、出会いを導くには不可欠です。

ところで潜在意識は、仕事相手や結婚相手との出会いを導くだけでなく、すでにある人間関係を、自分が望む関係性に変えることもできます。出会いを叶えるのと同じく、まずやるべきは、理想を描くプロセスです。

上司やママ友は、自分から選ぶことはできません。でも、**目の前にいる上司やママ友と、どんな付き合い方をするか、どんな関係性になるかは、あなた次第です。**

たとえば、誰かとの関係性で思い通りにならない状況が起きたとき、「どうせ、私なんて」と自分を卑下するようなクセがあると、「どうせ、私なんて」と感じるようなうれしくない事象を、その人との間で何度も経験することになります。卑下するクセはもうやめて、「私は本当はどうしたいの？」「どんな感情で過ごしたいの？」と問いかけてみましょう。潜在意識は、あなたの明確な意志に従います。思い込みグセを意識的に断ち切ると、それだけで、あなたの身の回りで起きる現象も確実に変化します。

たとえばあなたが、いつも上司に手柄を横取りされているとします。「どうせ、私なんて」と思うよりも、「この程度の手柄なら、プレゼントしてもかまわないわ」と太っ腹な気持ちになってみてください。そうして、次は簡単に横取りできないくらい、もっと大きく目立つ成果を挙げようと気持ちを切り替えてみると……あなたの仕事へのモチベーションはますます上がり、最終的に自分の成長に繋がって、「ひどい上司だけど、彼との関係も、悪いことばかりではないな」となるかもしれません。

「どんな人との出会いであれ、自分でいいものにできる」と心得て、思考や行動を変えることは、誰にでもできます。相手を変えようとしたり、相手が変わるのを待ったりする必要はありません。あなた次第で、人間関係は思うままにできるからです。

17

あなたがすでに持っている長所に光を当てて、伸ばしていこう

長所にフォーカスする習慣で願望実現は加速する

自分が持っている長所と短所。自分をよく知るには、それらを客観的に捉える姿勢も大切です。いざやってみると、強みや長所ばかり思いつく人もいれば、短所は簡単に思いつくけれど、長所は思いつかないという人もいます。

「語学が得意」「数学が苦手」のようなわかりやすい特徴だけでなく、「よく気がつく」「人をまとめるのが得意」「共同作業は苦手」「優柔不断」のような、行動や思考についての特徴についても、挙げてみてください。

このとき、自分の長所をスラスラ挙げられる人は、潜在意識が「自分を肯定的に捉えられる」わけですから、前向きな人生を生きやすい人です。理想に向かうスピードも速そうです。一方、短所ばかり気になる人、自分へのダメ出しが止まらない人は、潜在意識が後ろ向きになっているといえます。

これまでに経験してきた一つ一つの出来事においての、人との関わり方、物事への向き合い方を振り返ると、きっといろいろな長所に気づけるはずです。見つけた長所は、意識的に伸ばしていきましょう。

18

ネガティブな感覚は、嫌がるよりも、受け入れて味わおう

ポジティブとネガティブの違いを楽しみつつ
ニュートラルな状態を心がける

「常にポジティブでいるほうが幸せになれる」と思うあまり、ネガティブな感情に陥るのをやたらと怖がる人がたまにいますが、ネガティブにも意味があります。

ネガティブは、ポジティブに気づかせてくれる存在。闇がなければ、光は感じられません。ドーンと落ち込んだときは、「この世には光も闇もある」と思い出してみましょう。

心が弱くなっているときは、心の感度がいつもより高まっているものです。読み慣れた本でも、つらいときに読むと、なんだか心に沁みませんか。ネガティブなときしか味わえない感覚があるのです。その感覚はいつか、他者の苦しさを理解するのに役立ちます。

心のあり方として、最も安定するのは「ニュートラル」です。目の前の現象に一喜一憂せず、ポジティブな状態の人といるときも、ネガティブな状態の人といるときも、相手のオーラに飲まれない。もしブレてしまっても、すぐに元の状態に戻れる心です。

まずは、「ポジティブであらねば」とか、「ネガティブは嫌」ということでなく、どちらも受け入れ、味わい、違いを楽しんでみましょう。そのうえで、できるだけニュートラルでいられる時間を長くしていきたいです。

19

人間関係を整えたいなら、潜在意識の質をもっと高めよう

人間力を高め、
応援される人になる

チャプター1のここまでのページでは、「自分がどうありたいか」という理想を把握するヒントをお伝えしてきました。ここから先は日々の習慣として、潜在意識を上質化する方法をお伝えします。

上質な潜在意識の人は、**自分も周りの人も幸せにしながら、自分がやりたいことをやって生きています。**だから、周囲の人たちから応援され、理想に向かうための行動を後押ししてもらえます。

では、潜在意識の質とは、どんなことをすれば効率良く高められるのでしょうか。

私が考えるに、**潜在意識の質が高い人というのはみんな、知的能力、目標達成力、包容力、セルフコントロールスキル、利他の心、見た目……などの要素をバランス良く備えています。**

知的能力をつけるには、仕事などで使う専門的な知識を意欲的に学習し、実践を通して自分のものにすること。日々のたゆみない努力でしか身につきません。

目標達成力とは、理想を明確に思い描き、具体的な目標を定めて、自己鍛錬を続けていく能力です。理想が大きければ大きいほど、他者の力を借りることも必要となるでしょう。その意味では、目標達成力は、コミュニケーションスキルの一種といえるかもしれません。コミュニケーションが上手になるには、まさに、本書でお伝えしていることを試せばいいでしょう。

包容力とは、他者を受け入れる力です。他人が自分とは異なる意見を述べたときに、否定したり無視したりしないで、理解を示し、自分の意見の見直しに活かす。それが、包容力のある姿勢です。

セルフコントロールスキルとは、感情コントロールや体調管理などを含め、自己管理能力全般です。特に感情が安定していることは、とても大事。あなたは、自分勝手な理由で怒ったり不機嫌になったりしないで、いつも穏やかな気持ちで過ごせているでしょうか。

利他の心とは、「人の役に立ちたい」という考え方です。何かをするときに「これは、誰かの役に立つ行動か」という視点が備わっている人は、そうでない人と比べて、どんなことでも円滑に進められます。また、利他の心には、「あそこに困っている人がいる。あの人の力になりたい。そのためには、自分にはこういう能力が必要だ」のように、視野を広げ、新たな目標を見つけ、向上心を高める効果もあります。

最後に、見た目。ここでいう見た目とは、容貌の美しさではありません。目の前の人に、好印象を与えられているかどうかということです。**特に、清潔さ、明るい笑顔、元気な雰囲気、の三要素は重要です。仕事の能力が高く、人柄も良いのに、見た目が微妙なせいで、人から好意や信用を得られず、損している人は少なくありません。**

これらの要素が備わっている人は、潜在意識がいい状態なので、理想を叶えるスピードも速く、誰とでもどんな状況でも幸せに生きられます。そして、日頃からこういった部分に気を配り、向上心を持っていれば、誰でも間違いなく、もっと人間関係が整います。

20

自分では気づけない未熟さについて、身近な人に気づかせてもらおう

潜在意識にある
負のパターンに気づくと成長できる

前述の通り、潜在意識を上質化するには、いろんな要素をバランス良く磨かなければなりません。何から手をつけようかと迷ってしまう人もいるでしょう。

そんなときは、「自分には何が足りないか」について、周りの人に意見を求めてみるのが手っ取り早いです。

会社の人事面談のような機会を活かすのも、上司や親のような目上の人からのアドバイスを求めるのも、あるいは、気の置けない同僚や友人、恋人などと話してみるのもいいでしょう。

漠然と「私には何が足りませんか？」と切り出すのでは、相手も面食らってしまいます。たとえば相手が上司なら、「この1年での、自分のこの部署への貢献度は、100点中どれくらいですか？　どこが欠けていましたか？」などと質問してみると、先方も答えやすいですし、曖昧な返答を避けられます。

近しい同僚に、「私が直したほうがいいと思うところは？」と聞くのもいいでしょう。「割と自分の意見にこだわるよね」（包容力の足りなさ）、「人の話をあまり聞いていないでしょ」（利他の心の足りなさ）、「時間にルーズなのがちょっと困る」（セルフコントロールスキルの足りなさ）など、相手がズバッといってくれたなら、「そんなふうに思われていたなんて……！」と落ち込んだり、腐ったりしないこと。そもそも、自己分析では見つけられないアドバイスを受け取るために、ヒアリングしたのですから。

正直に伝えてくれたことへの感謝を伝え、すぐに改善を図りましょう。自分の欠点に凹むより、相手の言葉をプラスに転換していけばいいのです。

あなたがもし、同僚のAさんから「人の話を聞いていない、ちょっと適当な人」といわれたとしたら、Aさんだけでなく、Bさん、Cさん、恋人、家族……など、他の人にも同じように思われていると考えて、間違いありません。

「職場ではできていないことでも、大切な恋人に対してはちゃんとやれている」のようなことは、まずありません。なぜなら、あなたのその弱点は、潜在意識にパターンとして刷り込まれて、根深い習慣となっているはずだから。「いまの自分にはできていないこと」だと認識して変えようとしない限り、ますます根深くなります。

どんなに一流の人でも、自分は完璧だと思っている人でも、自分では気づけない弱みがあって当然です。それを誰かが教えてくれるというのは、とてもありがたいことです。

私だってもちろん、自分の至らない部分を他者から指摘されることがあります。そういうときは、相手の立場は一切関係なく、素直に受け入れます。

一般的に、年齢を重ねたり、社会的な立ち位置が高まったりすると、周囲の人たちが遠慮してしまって、気軽にあれこれいってこなくなります。誰からも怒られない、否定されない、弱点を指摘されない……そういう状況を心地いいと捉えるのは恐ろしいことです。本人は「客観的な視点で自分を顧みているからだいじょうぶ」と思っていても、自分の目だけでは限界があります。

そうわかっているから、私はどんな人ともフランクに話し、たまには隙も見せ、相手の緊張を解くようにしています。**何歳になっても、どんな地位を得ても、話しかけやすい雰囲気であり続けることは、自分の潜在意識を高め、理想の生き方を叶えるために、欠かせない心がけ**です。

21

イライラの原因は自分にある。いつでも心に余裕を持とう

いつもベストな結果を出せるよう
スキルを高め、準備は抜かりなく

「イラッときたら六秒待つ。するとたいていのイライラは収まります」のような感情コントロールの方法を、聞いたことがある人は少なくないでしょう。でも私が思うに、そもそも最初の「イラッ」を抑えなければ、問題解決とはいえないのではないでしょうか。

自分に余裕がないから「イラッ」が生じるのです。六秒待つ習慣を身につけるより、心の余裕の回復を図るほうが良さそうです。


私はよく、クリニックのスタッフさんたちから、「井上先生はどんな難しい手術のときでも穏やかですね」といわれます。

なぜ穏やかなのかというと、イライラ、ピリピリしていては、失敗を招く可能性が高まるとわかっているから。私がイライラしていたら、場の雰囲気が悪くなり、スタッフが緊張し、ベストな結果を導けません。

手術では、一切の失敗が許されない。手術を受けた患者さんが満足してくださる以外の結果は、絶対にありえない。だから、日頃からスキルを磨くし、事前準備も周到にしておきます。そうした当たり前のことを徹底しているから、私はいつでも、穏やかさを維持できるわけです。

ベストな結果を追求するほうがいいのは、医師だけではありません。どんな仕事をしている人だって、それこそ家事や育児だって、みんな同じでしょう。スキルを高め、必要な準備を整えて、何事においてもベストを尽くせる心の余裕を持っておくのは、すべての人に共通して、欠かしてはならないことだと考えます。

それなのに、日々の学習や鍛錬をサボりたがる人、事前準備が苦手な人が意外と少なくないのは、とても残念なことです。そういう人は、イライラの種を取り除けず、一つ一つの行動でベストな結果を残せません。一時的に持てはやされることがあっても、先は短い気がします。

ところで、「自分がイライラしないためにできることは、ここまでの話でわかりました。でも、周囲の仲間がイライラしていたら、そのとき私はどうすればいいでしょう」と思われたかもしれませんね。

隣の人がイライラしていると、自分は穏やかでありたいと思っても、「私、何か怒らせることをしていないかしら？」と心配になったり、つられて自分の気持ちまで苛立ったりしてしまうものです。

そういうときに役立てていただきたいのが、想像力です。「この人に余裕がないのは、何か嫌なことがあったからかな？」「寝不足かな？」「能力が足りないのかな？」のように、ちょっと想像してみてください。あなたのその想像が正しいか否かは、ここでは重要ではありません。イライラの本当の原因を探る手間は不要です。

大事なのはただ一点、相手を優しさの目で見てあげることだけ。**イライラしている人への優しい気持ちがあれば、自分の心の穏やかさは保てます。**

それから、イライラしている人には必要以上に関わらないというのも賢明です。イライラの矛先が自分のほうに向かないよう、適切な距離を取り、必要に応じて機嫌を取り、当たり障りなく状況をやり過ごしましょう。

22

理解が難しい相手とも積極的に交わり、人を理解する経験を積もう

共通点を見出せない人から逃げないで

どのような状況でも、どのような相手に対しても、いつもブレることなく穏やかで柔軟なコミュニケーションができる人。そんな包容力の高い人と接するのは、心地が良いものです。包容力のある人とは、どんな人間関係の中にあっても、自分の心の状態を安定させるのがうまいうえ、周囲の人の心を安定させるのもうまい人。「自分もそんなふうになれたらな」と憧れる人も多いでしょう。

包容力を磨くには、やはり、いろんな人と交流するしかありません。

自分と似たような背景、似たような考え、似たようなレベルの人とばかり付き合っていても、どんな人にも包容力を発揮できる自分には近づけません。自分にはすぐには理解できない感性の人との接点を、積極的につくりましょう。

このとき、特に大事なのは、相手との関係性を築くことへの「不安」をコントロールすることです。先ほど、包容力とは、自分も相手も安心させるコミュニケーション姿勢だと述べました。あなたの中に不安があると、そのエネルギーは相手にも確実に波及します。

逆に、**安心した気持ちで相手と向き合えれば、相手もあなたに対して安心してくれ**

ると期待できます。

自分との共通点が見出せない相手との付き合いでは、最初のうちは、包容力を発揮するどころか、「わからない」「否定したい」「もう逃げたい！」と、ネガティブな感情で心を乱されることもあるかもしれません。それでも、双方の違いの中に潜む、楽しみ、新鮮さ、興味深さを見つけられると、少しずつ理解できる部分が増えていきます。

そのプロセスでは、「どうして自分は、こういう意見を持っているのだろう？」と、自分に対する理解を深めることもあるでしょう。**自分への正しい理解がなければ、他者への理解は進まないからです。**

ところで、自分とは異なる感性の人、理解が困難な人が現れたときに、相手から逃げたくなってしまうのはなぜだと思いますか。それは、私たちの潜在意識には、「これまで通りの状態を維持してこそ、心地いいし望ましい」と認識してしまう特性があるからです。

自分と似たような人と過ごすのが楽なのは、いうまでもありません。自分の思いを丁寧に説明する手間なく、どんなこともスムーズに共感してもらえます。逆も然りで、相手に共感するのも容易でしょう。
ただ、普段はそういう楽な人間関係だけで過ごしている人でも、包容力が必要となる人付き合いを避け続けることはできません。

近年、多様性を尊重することの重要性が、世界的に叫ばれるようになりました。その勢いはますます大きくなっています。そんな時代を生きる私たちは、好む好まざるに関係なく、今後ますます幅広い人間関係を体験する必要に迫られるでしょう。

そういうとき、「あの人の考えは変」「正しいのは自分」「私は自分の意見を変えたくない！」となる人は、相手を悲しませるばかりか、自分のほうも学び、変化、成長のチャンスを失います。

包容力をつけたい、誰とでもいい接し方ができるようになりたいとあなたが思うなら、その目標を強く望み、行動を起こしましょう。楽な人間関係にとどまり、いまの自分の感性を守ろうとする潜在意識を書き換えるのは、あなた自身です。

23

潜在意識に刻み込まれた「人の役に立ちたい」という心に従おう

自分を喜ばせるためだけの願望は叶いにくい

「お金持ちのパートナーと結婚して、専業主婦になりたい」とか、「ブランドショップで、値札を見ないで買い物できる経済力がほしい」とか、こういった願望を持っている人から、なかなか願いが叶わないと相談をされることがあります。

願いが叶わない理由は明らかで、願っている本人の個人的な喜びを満たす程度の願望でしかないからでしょう。相談者が専業主婦になること、ブランドアイテムをたくさん買うことが、誰の幸せに、どんなふうに繋がるのか。もし、そこがきちんとイメージされていれば、願いの実現可能性は大いに高まるでしょう。

潜在意識について知れば知るほど、「潜在意識には、人類全体の幸せを叶えようとするエネルギーが、深く刷り込まれている」のを実感します。

潜在意識が求めるままに、**善なる行動を重ねていくと、その結果として、願望が叶ったり、いまよりももっと幸せに生きられたりするのです。**

人の遺伝子には、「自分のメリットだけ」を考える利己の心と、「自分のことより、他人のために」と考える利他の心があります。

両方とも、人間が生存するうえで必要があるから備わっている感情ですが、とはいえ、いざというときに頼りになるのは、利他の心です。

利己の心で何かを判断しようとすると、自分だけの得や利益を追求するために、目先の損得勘定を働かせることになります。だから、判断を誤ることも多いですし、誰かの共感や協力を得るのが困難です。

一方の利他の心での判断の際には、自分にとっての目先の損得ではなく、もっと大きな目的のために、広い視野と深い思考から、物事を捉えることになります。だから、**利他の心からの判断は精度が高く、その判断に賛同してくれる味方も、容易に得られます。**

筑波大学名誉教授で遺伝子工学の世界的権威であった、故村上《むらかみ》和雄《かずお》先生は、「利他の心は遺伝子に刻まれた人間の本質」といいます。家族、恋人、友人たちの力になりたいという利他的な心は、誰の潜在意識の中にも必ずあるということです。

ビジネスの成功にも、利他の心が必要なのは明らかです。ケンタッキーフライドチキンの創設者であるカーネル・サンダース氏は、六十五歳で年金生活を捨てて事業を興し、ケンタッキーを世界的企業に成長させました。

彼が常に考えていたのは、「どれだけ顧客を満足させるか」。各地の支店を訪れ、抜き打ちでチキンの味をチェック。勝手に安い素材を仕入れて、経費を浮かせている不届きな支店長がいないか、自ら確かめていたそうです。結局のところ「お金は、顧客の満足度に応じて入ってくるもの」。彼はその真理をわかっていたのでしょう。それについては、私もまったく同感です。

アメリカの著名な心理学者、アブラハム・マズローは、人間の欲求には「生理的欲求」「安全の欲求」「社会的欲求」「承認欲求」「自己実現の欲求」の五つがあると示しました（「欲求の五段階説」）。これらはいずれも、自分のための欲求です。しかし晩年のマズローは、六つ目の欲求として「利他的欲求」を追加しました。

私たちの潜在意識に深く根ざす、「誰かの役に立ちたい」という本能に従うと、自分の幸福も着実に拡大していくようです。

24

買い物は真摯に、真剣に。お金は、社会貢献と自己成長のために使おう

そのお金の使い方を「善なる行動」だと納得できるか

あなたは買い物で、どんなことにこだわって、それを買う決断をするでしょうか。たとえば靴を買うとき、すぐに履きつぶすことを前提に選ぶ人もいれば、上質なものを購入して、手入れをしながら長く履き続けたい人もいるでしょう。

金額の多寡に関係なく、何かを買うときに私はいつも、真摯な気持ちで「その買い物は、善なる行動か」と自分に問いかけています。生産者をはじめとする、その商品に関わる多くの人たちに、適切な利益はもたらされるのか。環境への影響はどうか。また、その商品を使うことで、私自身はどんな気持ちになれるか。私を成長させてくれるのか。

そうした観点から、**善なる買い物だと納得できたなら、私の支払ったお金は、善なるエネルギーとなって社会を循環し、最終的に、私のお財布に戻ってきます。**

ストレス発散のための衝動買いは、善なる行動ではないため、そのお金は戻ってきません。そのような買い物を繰り返していると、お金や出費に対するいいイメージを潜在意識に刻み込めないばかりか、ますます善なる買い物から遠ざかり、お金の不安が大きくなります。

25

「清潔、笑顔、元気」の三拍子を備え、感じのいい人になろう

相手からどう見えるかを基準に見た目を整える

人を外見で判断してはいけないといわれます。でも逆にいえば、それだけ私たちの思考は、見た目に左右されやすいということ。私も「**見た目が100%。相手の見た目で、潜在意識は概ね理解できる**」と考えます。初対面の相手の内面を知るには、あれこれ推測するより、まず見た目。自分が相手の目にどう映るかは、非常に大切です。

事実、経済学者のダニエル・S・ハマーメッシュの研究によると、美人と不美人の生涯賃金の格差は、2700万円にもなるそうです。

ところで、人は相手の見た目からの印象を、**容姿の良し悪しでなく、感じの良し悪しで判断**しており、感じの良さとは「清潔、笑顔、元気」が揃っていることだそうです。容姿の美しさは永遠ではありませんが、感じの良さは、年齢を問わず、誰でも伸ばすことができます。感じの良さを意識するだけで、もっと好印象なあなたになれるということです。

寝る前にシャンプーした清潔な髪でも、朝起きて寝グセがついたままの人と、きちんとブロウしてヘアスタイルを整えた人とでは、実際には同じように清潔でも、相手が受ける印象は真逆です。「相手からどう見えるか」を、ぜひ意識してみてはいかがでしょう。

26

ボディメイキングをきっかけに、努力と継続の習慣を強化しよう

体づくりは自己実現の成功体験をしやすく
自信に繋がりやすい

成功体験を積みたいなら、ボディメイキングが一番。見た目の変化は、結果がわかりやすいからです。

私は五十歳になって以来、「何歳になっても洋服をかっこよく着こなしたい」というモチベーションから、ジムに通っています。努力すれば、体はみるみる変わります。こんなにわかりやすい成功体験はないなと実感しています。

自分の理想通りの肉体改造が叶うと、潜在意識に「私はできる」という感覚が刻まれます。自身の成功体験からくるエネルギーは非常に大きくて、体形以外のことでも、何でもやればできるんだという、ゆるぎない自信が得られます。

しかも肉体というのは、理想通りになったらおしまいではありません。その状態を維持するためには、理想をイメージし続け、努力し続ける姿勢が不可欠です。体づくりには終わりがないのです。

健康とかっこよさのためだけでなく、潜在意識に継続力を教え込むという意味でも、ボディメイキングはとても有意義です。私も、何歳になってもチャレンジし続けます。

27

オーラルケアに気を配って、人からの印象をもっと良くしよう

健康な歯は一流の条件で
人の印象を大きく左右する

第一印象に欠かせない「清潔、笑顔、元気」の三要素に共通して関わっているのが、「歯」の健康です。それだけではありません。歯の健康は人間関係にも大きく関わると、私は歯科医という立場から常々お伝えしています。

美しい口元だと人間関係において多くの人からいい印象を持ってもらえます。食べるとき、話すとき、笑うとき……顔の中でも最も動く場所は口です。ゆえに口は、見た目の印象に大きく作用します。いくら高価なブランドの服で身を固めていても、口を開けたときに歯が黄色いと、かなり心証が悪いです。また、どんなに目鼻立ちが整っていても、歯にコンプレックスがあると、自然に笑うことができず、魅力的な表情になりません。

優れた経営者など第一線で活躍し続ける人は、ピンク色の歯茎に、顔を明るく輝かせる二列の真珠のような歯を持っていて、丁寧な手入れをしていることが一目瞭然です。一流の人には、歯が汚れている人も、歯茎が赤く腫れている人もいません。

普段は気にしていないのに「歯って大事だな」とふと感じたなら、それは潜在意識からのメッセージ。お近くの歯医者さんで、丁寧なケアの仕方を習ってみてください。

28

幸福は連鎖する！
幸せな人と付き合って
幸せの輪を広げよう

幸せな人の周りには幸せな人しかいない

たとえば、災害や事件、事故などをメディアの報道で見ただけで悲しくなったり。あるいは、箱根駅伝で懸命に走る学生の姿にもらい泣きをしたり。楽しそうに笑いながら歩いている親子を見ていると、こちらまで心が温かくなったり……。

人間は、とても共感能力が高い生き物です。

それが幸福な気持ちであっても、不安や怒りなどのネガティブな気持ちであっても、相手が発する感情をこちらもそのまま受け取って、同じような感情を抱くことは、誰にでも経験があるでしょう。

ストレスを感じている人を見るだけで、こちらまでストレスを感じるのは、決して気のせいではありません。

こういう場面では実際に、コルチゾールというストレスホルモンの値が上がってしまうことが、科学的に示されています。

ということは、ネガティブな人よりも、ポジティブな人と多く接していたほうが人生はポジティブな方向に向かうということ。ポジティブな人間関係に身を置き、自分自身もポジティブでいることに努める。そうして、**幸福度の高い人間関係をつくっていけば、あなた自身も周囲の人たちも、よりいっそう幸福へと導かれていきます。**

実際、私の経験を振り返ってみても、幸せな人の周りには幸せな人しかいないように感じます。要は、幸福度が高い人は、自身と同じように幸福度が高い人たちとクラスターを形成しているということ。

これは潜在意識という観点から考えても、納得のいく現象です。潜在意識は同質のものを引き寄せますから、**潜在意識に幸福が蓄えられている人の周りに、同様の潜在意識の状態が人が集まってくる**のはいわずもがなです。

余談ですが、アメリカのある心理学の研究によると、「幸福度が高いと、仕事への意欲や生産性が高まる」ということが明らかになっているそうです。

その報告によると、幸福度が高い社員は、そうでない社員よりも欠勤率が41％、離職率が59％も低く、業務上の事故に至っては70％も少なかったとのこと。また小売業では、売り上げが37％も上がったということです。幸せな社員は、不幸な社員よりも創造性が3倍になり、生産性は31％高いというデータもありました。

歯科医院のスタッフたち一人一人の笑顔を思い浮かべれば、私もこの研究結果は信頼に足ると考えます。

いつも幸福度の高い状態で過ごしたいですし、そうして、自身の幸せを他者へと広げていくことで、周囲の人をいっそう幸せにしたいものですね。

Check!

付き合うべき人がわかる!
潜在意識テスト

- □ 将来の夢がある
- □ 人生についてプライドがある
- □ 嫌なことがあっても、前向きに努力している
- □ 必要に応じて、自分の意見をハッキリいえる
- □ 先を読んだ行動を取れる
- □ 感情が安定している
- □ 好奇心旺盛で、すぐに行動に移す
- □ 面倒見が良い
- □ 思いやりがある
- □ 素直さがある
- □ 人の話をよく聞く

あなたの身近な人の潜在意識の状態を知り、付き合うべき人かどうか見極めるチェックテストです。見ているだけではわからない項目については、「将来の夢はある?」などと、相手にズバリ聞いてみましょう。潜在意識が上質で、しかもあなたと好相性の相手なら、話し始めは恥ずかしそうでも、徐々に言葉に熱意がこもってきます。なおこのテストは、あなた自身の潜在意識の状態の自己診断にも有効です。

- □ 常に学ぶ姿勢がある
- □ 笑顔が多い
- □ 外見に気を遣っている
- □ 健康に気を遣っている
- □ 清潔感がある
- □ 否定的な言葉をほとんどいわない
- □ あなたに対して好意的である
- □ 一緒にいて心地いい
- □ 話す言葉がわかりやすい
- □ あなたの気持ちをわかろうとする
- □ あなたを応援してくれる

Chapter 2

潜在意識を使って他者を理解し、人間関係を整える

29

自分と相手の発展性を確信させてくれる人たちと繋がろう

誰と出会い、どう関わるか次第で
人生は大きく変わる

チャプター1ではまず、潜在意識の知識を用いて、自分を理解するコツやヒントをご紹介しました。自分を知ることが、自分以外の人との関係性を整えるのに最も大切な土台となるからです。自分のことがわかってきたところで、チャプター2の前半では、どのような人と付き合っていくといいかをお伝えしましょう。

まず、人付き合いで最も大切なことを述べます。**あなたの周りにいる人たちとの出会いや関わりを通じて、あなたは成長しているでしょうか。**自分で設定した目標へ近づくために、そのお相手から何かを得ることができているでしょうか。

ビジネスであろうが、恋愛であろうが、誰かと繋がるなら、その繋がりによって、あなたの人生がより豊かで発展的なものになっていくほうがいいのはいうまでもありませんが、互いの関係から、何かしらの価値（物質的でも非物質的でも構いません）は生み出されているでしょうか。

もしそうではないとしたら、なぜそのような人たちと、あなたは関係性を持ち続けるのでしょうか。長い付き合いだから？　他に相手もいないし寂しいから？　その場の気が紛れるから？　惰性でつまらない関係を続けても、過ぎた時間は取り返せません。多くの時間を失ってから後悔しても後の祭りです。

馴れ合いの付き合いが、すべて悪いとはいいません。とはいえ、そのような人間関係ばかりでは、あまりに得るものがなさすぎます。

思い切って新しい環境に身を置いてはいかがでしょうか。新しい出会いを求めてみてはいかがでしょうか。環境が変わり、繋がる人が変わると、あなたの意識が変わります。

偉大な成功者は誰しも、一人で成功したわけではありません。成功できる環境に身を置いたからこそ成功できました。

あなたと一緒に過ごすすべての人は、あなたが気づかないうちに、あなたの行動や思考に大きな影響を与えています。「価値を生み出せる付き合い方」ができる人との出会いは大切です。出会う相手次第、その人との関わり方次第で、あなたの人生はいくらでも変わるのです。

育ててくれた親、パートナー、子ども、一緒に育ったきょうだい、親友、学校時代の先輩や後輩、職場の上司や同僚、クライアント、恩師、習い事やサークルの仲間、ママ友、ご近所さん……。いまあなたの周りにいる人たちは、あなたにどんな接し方をしているでしょうか。

あなたの周りの人たちは、最高のあなたを引き出すために協力してくれますか？　それとも、自分たちのレベルにあなたを引きずり降ろそうとする人たちですか？

あなたが限界を超えられるよう、刺激してくれる人たちですか？　それとも、あなたに限界を意識させる人ですか？

どんな人たちと時間をともにしたほうが豊かな人生になるかは、明白ですね。

今度は自分自身にも同じ質問をしてみてください。あなたは周囲の人にどのような接し方をしているでしょうか。

あなたは、周囲の人の最高の部分を引き出そうとしていますか？
誰かが大きなチャレンジをしようとするとき、惜しみなく協力していますか？

これらの質問から、いまのあなたの他者への意識や関わり方が見えてきます。どうでしょう。いまのままの人間関係で満足ですか？

あなたの周囲の人たちについて、**「物事を良い方向に変えることをためらわず、人間的な深みがあって、創造的刺激を与えてくれて、しかもおもしろい人にいつも囲まれています」**といえたなら、あなたの人生はどれほど磨かれるでしょう。そのためには、もちろんあなた自身も、そのような人たちに応えられる人間である必要があります。

自分に問いかけてみてください。

「私はどんな人と一緒にいたい？」
「その人とどんな場所で、どんな話をしている？」
「その人は私にどんな話をしてくれている？」
「私はどんな表情で、その人に言葉を返している？」

こんなふうに、人との関係性や接し方を具体的にイメージしてみると、自分の理想の人間関係が多角的に見えてきます。どのような人と、どんなふうに交流すればいいかがわかるようになるのです。

妄想で結構です。たとえば、こんなふうにイメージしてはいかがでしょうか。「私は有能なクリエイターと一緒にいます」「大きな窓から緑広がる公園を臨める明るいオフィスで、新しいプロジェクトについて話しています」「その人は、私の想像力をより広げるような話をしてくれています」「私は興奮を隠すことなくその話を受け止めつつ、彼の想像力を刺激する言葉を返しています」……。

どこかの国の王様や大統領と会談するのも構いません。ただしその妄想は、自分の心からの望みに沿っている必要があります。その人たちと関わることで、自分はこんなに成長できるとか、相手にこんなことを提供できるとか、そういった具体的な「価値」を思い浮かべるのが大事です。

30

「善なる行動」をしている人と付き合って、自身を成長させよう

華やかだけれど利己的な人にご用心

潜在意識の法則というのは、原因と結果の法則ともいえます。

善なる行動をすれば（原因）、善なることが起こる（結果）。悪い行いをすれば（原因）、悪いことが起こる（結果）。いついかなるときも、まるで自分がしたことが鏡に映し出されるようにして返ってくるということです。

だから、**利他の心で、いつも善なる行動を自分から心がけていれば、最高の人間関係が勝手に導かれてきます。**


人に対して善なる行動をすればするほど、親切にした相手からの信頼を得られ、人望が厚くなり、そうして周囲に自然と人が集まってきます。良い関係を、多くの人と築けるということです。

さらに、あなたと良い関係を築いた人たちが、「あの人は信頼できる人だ」といってさらに人を呼び込んでくれるので、良い人脈はいっそう広がっていきます。

そういう生き方をしていたら、もしあなたがトラブルにあいそうになったとしても、周囲の誰かがすぐに手を貸してくれます。あなたの周りの物事は、良い方向にしか流れなくなります。

次に、反対から考えてみましょう。善なる人には善なることばかり起きるということは、もしあなたが、いつも善なる行動をしている人と付き合ったり接したりしていれば、あなたにも善なることばかりが起き、あなた自身も、善なる方向に引き上げられていくと思いませんか？

そういう人間関係を求めるならば、**「この人は本当の意味で善なる行動をしているだろうか」ということについて、正しく見極められる目が必要**です。

そういう視点で物事を見られるようになると、昨今のSNS上には、本当に付き合うべきなのか、注目すべきなのか、ちょっと心配な人があふれているように思います。

SNSでは多くのインフルエンサーが、高級車やブランドのアクセサリー、旅行先で贅沢をしている様子を披露しています。「SNSで人気者になったら、こんなリッチな暮らしができますよ」というふうに。それを見て多くの人が、「すてきだな。自分の目標になる人だ」「自分もいつかこんな暮らしがしたい」と、そのアカウントをフォローします。

しかし、フォロワーに支えられて得たお金で、自分だけ派手な楽しみ方をして、それを見せびらかすというのはどういう気分なのでしょうか。

高級車やブランド品が次々手に入ってうれしいな、というのは、利己的ですし、単なる自分目線での幸せでしかありません。その程度の幸せに憧れているうちは、あなたにはそれ以上の幸せを叶えることはできません。

そのインフルエンサーの潜在意識は、その程度だということ。そして、あなたがそのような生き方を支持し、投稿を肯定的に眺めているならば、あなたの潜在意識も同レベルかもしれません。

見た目は華やかだけれど、利己的な心の人たちばかり眺めているうち、いつの間にかそちらに引きずられていくよりも、**地に足をつけ、本当の意味で善なる行動をしている人と積極的に関わって、自身の善なる成長を実現していく**ほうが、断然大きな幸せを得られるのではないでしょうか。

31

人脈は数ではなく質。信頼ベースで上質な人間関係を築こう

価値ある関係性の構築には
時間と労力が必要

ありがたいことに、私は人間関係にはとても恵まれており、多くのすばらしい人との接点を得ています。

しかし自分から意図的に、人間関係を構築しよう、人脈をつくろう、と思ったことは一度もありません。自分から積極的にパーティーや交流会に出かけることはほとんどなく、誘われて都合が合ったときに、ほんの少し顔を出す程度です。そうしてごくたまに参加するパーティーでも、ここぞとばかり名刺交換に励むなどということは決してしません。

だって、そういう**かりそめの場で出会った人と、後々ビジネスやプライベートでご一緒することなどあるでしょうか**。おそらく大半の人が、「そういえば、ほとんどなかったな」と振り返るはずです。

仮にそういった場で、ちょっとした知り合いができ、その後何度か食事に誘われたとしても、そこから本当の仲間や友だちになることは少ないのではないでしょうか。たとえ、一時的には頻繁に会う間柄になったとしても、会わない期間が続けば、関係は疎遠になっていくはずです。

もちろん、初めて会う人との会話から、知識を広げたり、刺激を受けたりすることもあります。普段知ることのない情報に触れ、自分の想像力がかきたてられ、新たな希望や夢を抱くこともあるでしょう。しかし年がら年じゅう、そういう出会いに時間と労力を費やしていたら、時間がいくらあっても足りませんし、本当の人間関係を丁寧に築く時間が失われてしまいます。

出会いにおいて重要なのは、数ではなく質です。普段の世界から飛び出して、にぎやかなイベントで、出会いを楽しむのは確かに刺激的なのですが、「今日は何人の人と出会えたか」ではなく、「どんないい話ができたか」「どんないい時間を過ごせたか」を振り返るほうが有益です。

そもそも、きちんとした人間関係を築き、維持するには、それなりの時間と労力が必要です。仕事でも恋愛でも、理想的な人間関係を求めるなら、「ちょっとパーティーに参加する」「ちょっと食事会に行く」というより、「気になる○○さんとの時間を、じゅうぶんに確保する」ほうが効果的だと、私は考えます。

なぜじゅうぶんな時間が必要なのか。答えはシンプルで、相手から信頼され、自分も、相手を信頼するためです。時間をかけて、互いの「誠実さ」を実感し合うためです。人間関係における誠実さの基本は、第一に、互いの話にしっかり耳を傾けられるか。その基準をクリアできたら、次にチェックすべき点は、互いが相手のために、惜しみなく力を貸せるかどうかです。

さらにもう一点、相手に対して関心を示すことも大切です。しばらく会っていない人から「元気にしていますか？」とお便りをもらったら、誰でも、うれしい気持ちになります。たとえ、リアルにはなかなか会えない状況でも、あなたの心には、相手の心がちゃんと届いています。

遠くにいるあの人が、私のことを覚えてくれていた、気にかけてくれていた……その事実は、あなたに喜びをもたらし、双方のより深い信頼関係に寄与します。

人に関心を持ち、ご縁のある人を大切にする生き方をしていると、わざわざ人脈をつくらなくとも、自然と、人間関係は長く続いていくものです。

32

背伸びしてでも一流の人から学びを得て、一流の仲間入りをしよう

そこそこの人から学んでも、そこそこしか成長できない

人は一流の人と関わるようになれば、一流になります。上質な人と関われば、上質になります。「朱に交われば赤くなる」ということわざ然り、人は付き合う人間に感化されやすいもの。潜在意識は環境に染まりやすいからです。

ですから、**「こういう上質な人と、お付き合いがしたい」と高いイメージを抱くことは、とても重要です。それが潜在意識にインプットされれば、そういう人や環境のほうへ、無意識のうちに導かれるようになる**からです。

ただ、いずれにしても、イメージして待っているだけでは一流どころはやってきません。自分から行動を起こし、積極的に関わっていく必要があります。たとえば、セミナーや講座、習い事で、多少背伸びをしてでも、一流の人のところに出かけて行って、教えを請うのは有益です。

一流の人から学びを得ることは難しい、と考える人もいます。確かにスポーツの世界などでは、よく「名選手が必ずしも名監督になるとは限らない」といわれます。スター選手の多くは、普通の選手たちの感覚や心情がつかめないからです。

私の考えとしては、自分の理想の未来を叶えるならば、絶対に一流から学んだほうがいいと考えます。

私が大学院に入ったばかりの頃の出来事です。同級生のお父様がたいへん優秀な医師で、最新のデジタル機器を使った医療の学術講演会に連れて行ってくださいました。ハッキリいって、その時点の同級生と私にはチンプンカンプンの内容でした。でも、同級生のお父様は「わからなくてもいい。参加することに意味がある。**参加しておけば、いつかその世界がわかるときがくる。参加しなければ、永遠にその世界を知ることも、わかることもできない**」とおっしゃっていました。

それからしばらくの年月がたって、別の勉強会に参加したときのこと。お父様の言葉の正しさを、私は実感することになりました。

あの講演会以来、完璧に理解はできずとも、私の潜在意識の中にバラバラに存在していた学びの点と点が、ついに線となったのです。「あの講演会のときにはわからなかったけれど、こういうことをいっていたのか！」と、私はようやく理解できたのです。あの学生時代の講演会での経験がなければ、私はその勉強会から、これほど有益な学びを得ることはできなかったはずです。

たとえば、あなたは一流の料理人に懐石料理を習うことになりました。大根の桂むきのテストがあって、あなたはぜんぜん合格できないレベルです。でも、目の前に一流のお手本があるのだから、一流に触れ、自分に必要な技術を取り入れる努力をすればいい。それに、自分のレベルと一流のレベルの差異を知っておくのも、貴重な経験です。

間近に一流の人がいる環境では、あなたの目標はブレません。努力の先で、自分も一流になれる可能性を明確に描けます。

一流の人から何かを学ぶプロセスでは、大変な思いをすることもあるでしょう。それでも、一流の人の元で過ごす時間は有益です。一流たちの一挙手一投足を間近に見て、自分でもそれを真似してみてください。逆に、そこそこの人に教わっているうちは、自分もそこそこのレベルにしか到達できない可能性が高いです。

33

相手の顔をよく見て、その人の生き方や生活習慣を読み取ろう

魅力的な笑顔の人は、潜在意識も整っている

人は何かに集中しているときや考えごとをしているとき、つい、しかめ面をしがちです。自分としては普通に過ごしているつもりなのに、「疲れてる？」「嫌なことでもあった？」というような言葉を周りの人からかけられていたら、要注意です。「失礼だな」と腹を立てている場合ではありません。指摘してもらえてラッキーだったと捉えましょう。

なぜなら、普段のあなたが何気なくしている表情が、周囲の人にとっては、「感じが悪そう」「付き合いにくそう」だと見えているかもしれないからです。

たとえば、職場であなたが、何か困った案件を抱えているとします。あなたのそばには二人の先輩がいます。一人は、いつもニコニコと感じがいい先輩。もう一人は対照的に、いつもムスッと仏頂面の先輩。さて、どちらを頼りますか。いうまでもなく、ニコニコした先輩に声をかけるでしょう。

このように、常に笑顔の人は、それだけで周囲の人から好かれますし、信頼されます。

笑顔は、コミュニケーションスキルの高さの表れです。実際、笑顔の人は、そうでない人よりも、仕事を円滑に進められ、評価され、昇進もスムーズです。
仕事の場面に限った話ではありません。恋愛であれ友人関係であれ、どんな人間関係においても、笑顔の人は得をします。

ところで、あなたは無邪気に笑う子どもを見て、つられて笑顔になったことがありませんか。オランダ、アムステルダム大学のアニーク・ヴルート博士は、「誰かに対して笑顔で近づいていった場合、64・9％の相手が笑顔を返してくれる」という興味深い研究結果を示しています。笑顔は伝染するという証明です。**あなたが笑顔で過ごすだけで、周りの人たちも自然に笑顔になって、みんなの幸せに貢献することができるのです。**

私のクリニックでも、一緒に働くスタッフを採用するときには、笑顔のすてきな人を選ぶようにしています。みんなが笑顔で過ごせる職場では、一人一人が気持ち良く働けるので、それぞれが活躍し、業務が滞ることがありません。

人相には、その人の性格や思考、生活状態といった習慣、すなわち潜在意識が表

れます。人相の良し悪しというのは、顔立ちの良し悪しとは関係ありません。いわゆる美男美女にも、人相が悪い人はいます。

何がいいたいかといえば、魅力的な顔の人（顔立ちが良いということではありません）は、潜在意識の状態も整っているということです。

魅力を高めるために、メイクを練習したり、顔のマッサージに励むことだって、もちろん有効です。しかしそれ以上に、睡眠、食生活、運動、姿勢や歩き方、そして理想を追求する行動と思考……そうしたあなたの生き方全体を見直すほうが、圧倒的な成果に繋がります。

笑顔も、手軽ですが効果絶大。もちろんスタートは、意図的な「つくり笑顔」で構いません。つくった笑顔でも、潜在意識の中にいいエネルギーが取り込まれるので、なんだか本当に楽しくなってきて、さらにいい表情に。これを科学的に表現するならば、「表情筋を動かすことで脳が錯覚を起こし、快楽を促す神経活動が活発になる」ということもできるでしょう。

周囲の人も笑顔になれば、それを見たあなた自身もいっそう笑顔になれます。

34

「こうありたい」という理想を実現し、出会いのレベルを変えよう

人間関係は、自分のあり方に見合ったものしか形成されない

一流の人物というのは、そのジャンルを問わず、みんな魅力的です。一流の人たちに共通するのは、長きにわたっての自己研鑽、豊かな人生経験。また、理想を叶えていくための胆力もあります。

常に「自分の人間性を高めたい」という思いで行動していると、不思議と、そのような高い人間性の人たちと出会う機会に恵まれるもの。だから、一流の人たち、魅力的な人たちと出会いたいのなら、自分も一流を目指すのが近道です。

具体的にはどうすればいいのでしょうか。

たとえば、あなたには「一流の人になりたい」という理想があるとして、一流らしい振る舞い、物事の捉え方、装いなどを意識して日々過ごしているとします。そうしてブレない努力を重ねるうち、だんだん一流のオーラを醸し出せるようになれば、それを察した周囲の人たちは「あの人、一流だよね」と認識するようになります。また、あなたと同じく一流のオーラを持つ人が、自然と周囲に集まってきます。

あなた自身の「こうありたい」と、周囲の人の「あの人ってこうだよね」のイメージが一致した瞬間とは、すなわち、あなたの日々の鍛錬が花開き、理想が叶った瞬間です。

ここで大事なのは、まず先立つのは、「こうありたい」という自分の理想と、理想を現実化するための行動です。地道な努力なく、むやみに一流の人たちと接する機会をつくったところで、その人たちに引き上げてもらうことはできません。**自分からも与えられる価値がなければ、付き合いは長続きしないからです。**

まず、自分の器を広げる。自分の変化を周囲が認めてくれると、だんだんそれまでとは違う人と出会えるようになる。出会いのレベルが変わる。逆に、それまでお付き合いしていた人とは波長が合わなくなって、疎遠になることもあります。

私は人に関しては「去る者追わず、来るもの拒まず」の精神です。自分の意図でご縁を切ったり繋げたりは一切しませんが、それでも結局のところ、自分のあり方に見合った人間関係が形成されていると実感します。

私の周りにいるのは、互いに存在価値を高め合えるすばらしい人たちばかりです。

Check!

人付き合いが上手な人の潜在意識の特性

人間関係を整えるのに重要なのは、小手先のテクニックではなく、自分自身の潜在意識がどうあるか。人付き合いが上手で、良い人間関係に恵まれる人の特性をまとめましたので、折に触れて、自己診断してみてください。

□ 必要なタイミングで、必要な人を引き寄せる

良好な人間関係を築いている人はみんな、見返りを求めず、人のために行動しています。すると「類は友を呼ぶ」の言葉の通り、求めずとも、必要なとき、必要な人に、必要なサポートをしてもらえるのです。助け合いのある人間関係は、無限に繋がり、途切れることがありません。

□ 人間としての成長スピードが速い

自分が何をいま求めているのか、何が必要であるのか、何をすべきかが常に明確。誰に対しても「即レス、即行動」です。ぐずぐず迷ったり、思い悩んだりせず、いまの自分や周囲にとってベストの選択ができます。だから自ずと経験則も増えて、人としての成長スピードも速いです。

□ 自分とは異なる意見も楽しめる、柔軟な心を持っている

人付き合いが上手な人には、人の話を素直に聞き、「楽しいな」「興味深いな」と捉える姿勢が備わっているものです。自分にとって想定外の考え方を否定せず、むしろ「多様な思考の人がいるからこそ、世界が広がる」と前向きに受け止められる柔軟さ、あなたにはありますか？

□ 人生の大事なものすべてのバランスが取れている

「仕事はできるけれど、人に好かれていない」「お金はあるけれど、家庭は崩壊」のような、人生のバランスの崩れがありません。バランス良く人生のすべてが底上げされていて、人生の好循環が着実に回ります。

□ すべては自分次第だと心底理解している

どんな人にも物事にも、良し悪しはありません。良い面を見ようとすれば良く見えるし、逆も然り。これが潜在意識で世の中を見つめたときの真実です。そうわかっていれば、苦手な人、どうにも好きになれない人に対しても、お互いの成長を導くことができます。どんな人間関係も、突き詰めれば「自分次第」でしかありません。

35

知ったかぶりをするより、「詳しく教えてください！」と聞いてみよう

ちょっとした質問は、相手ともっと親しくなるためのカギ

あなたは自分の弱さをどれくらい人に見せることができますか？

気になる異性に、「自分のかっこいいところを見せよう」「自分の魅力をアピールしよう」と意識した経験は、男女を問わず、誰しも一度や二度はあるでしょう。

しかし、相手と良好な関係を築こうと思ったら、仕事であれ、恋愛などプライベートであれ、長所も短所もすべてさらけ出したほうが、むしろうまくいきます。

もちろん、まだ知り合ったばかりの相手と関係を築こうとするとき、自分の長所や得意なこと、業績などをアピールするのは当たり前のこと。なんら悪いことではありません。仕事関係であればなおさら、自分がどんな経験やスキルを持っているのか説明することは有意義です。

ただ、デキる自分だけを見せていても、付き合っていくうちに、相手は「なんだかつまらないな」となるものです。

会話の途中で、「私はそれを知りません」と素直にいえない人は、「知らないのはかっこ悪い」「無知だと思われたくない」とプライドが働くのでしょうか。しかし、**たとえ知っ**

ていることでも「知りませんでした！　その話、もっと詳しく教えてください！」と返せば、話はいっそう盛り上がります。無意識のうちに知ったかぶりをしてしまう人は、人付き合いで、だいぶ損をしているかもしれません。

私は、誰かと話しているときにもし知らないことが話題に上がったら、相手との年齢や立場の上下に関係なく、その場ですぐに質問します。

わからないまま話を合わせるのは相手に対して失礼ですし、第一、答えを知っている人が目の前にいるのに、疑問を持ち帰って後で自分で調べるなんて時間がもったいない。成長の機会をみすみす逃しているようなものです。

私にとって、わからないことは、相手と親しくなるための貴重なチャンス。人は、自分が相手よりも何かに精通しているという状況に喜びを感じますし、それを人に教えてあげられれば、喜びはいっそうです。あなたが無邪気に質問すればするほど、相手の潜在意識はあなたを「好き」と認識します。

私のコーチングのクライアントの方々は、さまざまな業界に属しているので、話の流れで専門的な言葉や状況説明が出てくることがよくあります。そんなとき、私はすかさず「それ、聞いたことあるけど、詳しく知らないな。教えてもらえる？」と質問してみます。皆さん、「もちろんですよ！」といきいきと説明してくれます。

そうした、**得意分野について相手に雑談してもらう時間は、「信頼関係を構築する」という意味で大いに有効**です。話し手は、聞き手に対する心がオープンになって、「この人ならどんな話をしてもだいじょうぶ」と安心感を持てるからです。

先日、知人の雑誌編集者が、「いつも取材相手が会話の糸口を見つけやすいファッションを意識しているんです」と話していました。たとえば、猫の刺繍の入ったニットを着ていくと、十人中七人は、「猫が好きなんですか？」「そのニットの猫はうちの子に似ています。どこで買ったのですか？」などとあれこれ質問をしてくれて、そうして互いの距離を縮めると、取材がしやすくなるのだそうです。

良好な関係性のつくり方はいろいろですが、質問したり質問されたり……そんな会話から、人間関係は一気に深まるようです。

36

「なんで私ばっかり」と感じるときは、自分に優しくしよう

もっと自分の好きなように生きてだいじょうぶ！

周囲の人のために、あなたは何か行動を起こそうとしているとします。でも、その行動に自己犠牲が伴うなら、あいにくその行動は、あなたの満足に結びつきません。

「人からの頼まれごとは、どんなに忙しくても断れない」「家族のためにやらなければいけないことが多すぎて、自分にかまう余裕がない」「恋人から会いたいといわれると、他の予定をキャンセルしてでも、都合をつけなければいけないと思ってしまう」……。あなたは、自分のことを後回しにしていませんか。

本来の潜在意識は、人のための「善なる行動」が大好きで、与えれば与えるほど、喜びを感じます。それなのに、もしあなたが「なんで私ばっかり」と感じてしまうなら、状況を見直すべきタイミング。潜在意識に、虚しさがたまるのを防ぎましょう。

まず必要なのは、「どうして自分を後回しにしてしまうのか」の原因を探すことです。

多くの場合は、子どもの頃からの何らかの環境や経験の中で、知らず知らずのうちに身についたクセです。たとえば、私のコーチングのクライアントのある女性は、自己犠牲の原因について、このような気づきを得ました。

彼女は、母親が病気がちで、子どもの頃はいつも「母の病気に障らないよう、いい子でいなければ。母を喜ばせなければ」と母親の顔色を見て過ごしていたそうです。それがだんだんクセになって、母親以外の人に対しても、「困らせないように、不安にさせないように」と、相手の顔色を最優先にしてしまうようになったのでは、とのことでした。

自分の潜在意識の奥にある**「自己犠牲を選んでしまう原因」**を理解し、**「そういうことだったのか」と納得できれば、潜在意識の深いところが落ち着きます。そうして、「もう、自分のことを後回しにしなくてだいじょうぶ」と考えられるようになります。**

ここまでのプロセスを経たら、次は、小さなことからでいいので、自分を優先する経験を積み重ねていきましょう。

「自分の仕事を先に片づけるまでは、頼まれごとは受けない」「本を何ページか読んでから、家事に取りかかる」「彼に誘われても、『今日は別の用事があるんだ。ごめんね』と連絡する」のように、**その瞬間の自分が一番やりたいことを選ぶのは、全然いけないことではありません。**

こうした経験が増えてくると、次第にあなたの潜在意識は「もっと自分の好きなようにしてだいじょうぶ！」「自分を大切にしよう！」という方向に働くようになります。

「なんで私ばっかり」をやめるメリットは、実にたくさんあります。
まず、不満を感じる時間が減って、前向きな気分でいられる時間が増えるでしょう。それから、心に余裕が回復すれば、どんなことに対しても、落ち着いて自分の力を発揮できるようになります。さらに、自由な気持ちで過ごしていると、「今日はあれをやってみたいな」と好奇心旺盛になり、楽しい体験が増えます。自分のことが好きになれます。
また、「いいたいことはいう」「必要以上に、他人の意見に合わせない」「嫌なことは断る」など、自分の意志に素直でいられれば、人間関係での不要なストレスもかなり避けられるでしょう。

水は、循環していなければ、淀んで腐ってしまいます。心も同様で、ちょっとした不満や虚しさをため続けていると、そのうち大変なことになってしまいます。

37

人の話に耳を傾けるとともに、相手を肯定する言葉を会話に挟み込もう

会話上手とは、「話し上手」ではなく「聞き上手」

人付き合いがうまい人たちに共通しているのは、「会話上手」なところです。でも、「ちょっとした雑談が苦手」とか、「自分の考えをうまく伝えられない」とか、会話力にコンプレックスを持っている人もおおぜいいます。

上手な会話をしようとすると、多くの人は、どんな話をしようか考えがちです。しかし、**何を話すかよりも、どんな態度で相手の話を聞くかのほうが大事です。自分からおもしろい話をしようとするより、相手のおもしろい話を楽しめるかどうかのほうが大事です。**

滔々《とうとう》と話す人だと評価されるより、話しやすい人だと評価されるほうが、意味があります。なぜならたいていの人は、自分の話に興味を持ってくれる人のことを、好ましいと考えるからです。

会話に苦手意識のある人は、「自分だったらどうしてほしいか」を考えるといいかもしれません。たとえば、商談で初対面の担当者と挨拶を交わすとき、先方が笑顔を見せて挨拶してくれるのと、視線も合わず挨拶もそこそこで、事務的な対応をされるのと、どちらがいいでしょうか。答えはいうまでもありません。相手と良い関係を築きたいのであれば、笑顔は不可欠。**笑顔は、相手に対する「仲良くしましょう」という潜在意識の状態を表現するための、最高のツール**です。

それから「相手を否定する言葉を口にしない」というのも、人間関係を円滑にする重要なポイントです。「はい」「もちろんです」「なるほど」「その通りですね」「確かに」「ありがとうございます」「承知しました」……のような、相手の言葉を肯定的に受け止める言葉を、会話の端々に挟んでいくと、相手との間の遠慮や緊張感がほぐれ、心の距離が近づきます。

相手の意見を否定しなければいけない場面でも、まずは肯定から入るほうがいいです。たとえば、あなたは営業担当で、「急なお願いで申し訳ないのですが、1か月で納品してもらえないでしょうか?」と取引先から頼まれたとします。1か月という納期は、あなたの会社には不可能です。

そういうときは、「はい。確かに、お急ぎの状況ですよね」と先に肯定の言葉を伝えて、そのうえで、「ただ、こちらはいまとても人気です。どちらの取引先にも、2か月お待ちいただいている状況なのです」と、可能な納期を提案するのが正解です。

最初から、「それはできません」「無理ですね」と否定から入ってしまうと、相手は拒絶されたような気持ちになるかもしれません。あるいは、「こいつには、何とかしようとする姿勢はないのか」と、あなたに対して不誠実な印象を持つ可能性もあります。

無茶なお願いを何度も繰り返してくる取引先に対しては、ときに、ハッキリ断らなければいけない場面もあるでしょう。ただ、そういうときも、「お気持ちはわかります」などといって相手の主張をいったん肯定してから、「でも、残念ながらできません」と伝えるほうが、丸く収まりやすいです。

会話力に自信がないなら、まず聞き上手に徹すること。自分が話す側のときは、笑顔で、できる限り相手を肯定する言葉を使い、さらに、丁寧で穏やかな話し方を意識したりすれば、それだけでいい会話が成立し、面倒な商談さえスムーズに進められます。

38

自分には不要な言葉を、心に留めおくのは無意味。受け止め、受け流そう

自分を傷つける言葉は「スルー」

誰かの何気ない一言にすぐ傷つき、立ち直れない人。人の意見を無視できずに疲れてしまう人。誰かからの言葉をネガティブなほうに解釈しがちな人……。どの人も、「人の言葉にうまく対応できない人」ということです。

もしあなたが、「それは自分のことかもしれない」と思ったなら、この言葉を、潜在意識に刻んでみてください。**「人の言葉のすべてを受け入れる必要はない。受け止め、受け流しておけばいい」**と。

人の言葉を受け止めるとは、相手の発言をとりあえず自分の心の浅い部分でキャッチして、でも決して心の奥までは入れないということ。受け流すというのは、言葉の通り、自分の中にいつまでも留めないということです。

人の言葉にうまく対応できずに苦しんでいる人たちの多くは、人の言葉は「受け入れなければいけないもの」と思い込んでいます。受け入れるとは、相手の言葉の100%を、無条件に心の奥まで入れてしまうこと。自分を傷つけたり否定したりする言葉、納得できない言葉、解釈に困る言葉……そういった発言をあれもこれも全部、「私に対して発せられた言葉だから」といって、胸の奥に記憶していては、怒りや悲しみの感情に囚われることもあるでしょうし、あなたの内側で混乱が生じるのは必至です。

これからは、**受け入れるのは、自分にとってうれしい言葉だけで構いません。それ以外の言葉は、取り込まなくていいのです。「受け止め、受け流す」を徹底しましょう。**

ところで近年、「マウントを取ってくる人にうんざりしている」という相談をよく受けるようになりました。収入、肩書、学歴の他、流行の服を着ているか、家族構成はどうか、どんな友人がいるか、プライベートは華やかか……など、マウントのテーマも多様化しています。

センスのある皮肉で、相手を華麗に打ちのめしたいと思う人も多いようですが、最強の対応は「無視」を貫くこと。悔しがったりムッとしたりするのも、相手に仕返しするために労力を使うのも、すべて、貴重なエネルギーの無駄遣いです。

同じく、SNSなどで、意地悪や嫌味、ひがみなどの心無いコメントを書かれたときも、

「読んでいないふり」でスルーしておくのが唯一絶対の対処法です。

マウントを取ってくる人も、余計なコメントを書く人も、なぜそんなことをするのかといえば、ズバリ、本人がうまく生きられていないから。日々ストレスを感じているから。だから、本来やるべきことから目を背けて、無意味でつまらない行動に時間を割いているわけです。

あなたを傷つける人は、人生がうまくいっていない、かわいそうな人。そう考えると、そういう相手に対してイライラしたり、悲しくなったりと、気持ちを乱されるのがバカバカしくなりませんか。

逆に、潜在意識が良い状態で、理想に向かって前進している人は、そんな余計なことをする暇なんてありません。また、誰かを悲しませる行為や言葉は、巡り巡って、自分の足を引っ張るものとわかっていますから、その意味でもやはり、誤った言葉の使い方はしないでしょう。

39

相談者の目線とは別の角度に立って、想像力を駆使しよう

その場にいない人の事情も考慮すると適切な解決策に近づける

誰かに相談を持ちかけられたときは、ただ聞き役に徹するだけでもいいのですが、その相談内容に関わる人たちの潜在意識にまで想像力を働かせるような、そんな聞き方ができると、相談者により満足してもらえる場合もあります。

以前、ある知人からこんな相談を受けたことがあります。

彼女は、職場の上司から毎日、悪口をいわれ、きついあたり方をされていました。自分としては、非の打ちどころがないよう仕事に関する知識の習得に努め、仕事は正確に、丁寧に、かつ速くこなすようにしていました。もちろん、上司に対する感じのいい挨拶も欠かしません。要は、非の打ちどころのない対応をしているつもりだったのですが、状況は一向に変わらず、彼女のストレスはかなりのものに。異動願を出そうか、仕事をやめたほうがいいのか……と彼女は悩んでいました。

このような話を聞くと、たいていの人は、相談者に感情移入したり、同情したりしてしまいそうになります。でも、彼女の話だけでは、上司の気持ちまではわかりません。

もしかすると上司としては、相談者の仕事ぶりはまだ手ぬるいと思っているのかもしれません。もっと個人的な理由で、「彼女の外見は、過去に自分に対して意地悪をしてきた嫌なやつに似ている。顔を見るだけで、ムカつく感情を抑えきれない」ということか、あるいは、彼女が気づいていないだけで、誰に対しても厳しい人だという可能性もあります。つまり、上司本人に聞いてみない限り、真実を知ることは不可能なのです。

「一方聞いて沙汰するな」という言葉を、聞いたことがありますか。NHK大河ドラマ『篤姫《あつひめ》』に出てきて、当時、一世を風靡したセリフです。どういう意味かというと、誰かの相談を受けるときには、**一人の話を聞いただけで、何らかの結論を出すのは賢明ではない**ということ。篤姫はいつも、意見が対立する二者の意見を平等に聞いて、それから自分の意見を述べるようにしていました。

先述の例の場合、彼女の上司も呼び出して、リアルな話を聞くことはできません。でも、そこまでしなくても、「上司の立場になれば、こういう事情は考えられない？」のように、相談者の目線とは別の角度から、想像力を働かせてみることはできます。

そのうえで、相談者の理想や目標を叶えるにあたって、その上司と一緒に過ごすことのメリット・デメリットを検討してみれば、彼女が次に選ぶべき道は見えてくるはずです。

「その上司は、私の理想を邪魔するために、あのような態度を取ってきているわけではない気がする。幸いにも、私がいまの部署で担当しているのは、昔からやりたかった仕事。だから、やっぱり異動はしたくない。ある程度の成長と成果を実感できるまで、とりあえずこのままがんばろう。そして実力がついた頃に、転職を検討すればいいかな」と、彼女は最終的に、そんな結論を導きました。

誰かの相談に乗る際、最も大事なことは、相手の話に真剣に耳を傾けることです。こちらがただ聞くだけで、相手の気持ちが楽になることもあります。ただし、相手が本気で解決法を必要としている様子だったら、**「わかるなぁ」と寄り添いつつも、ちょっと相手の視座をずらすヒントを提供できると、相手は一気に解決策に近づけます**。そうしたやり取りは、相手と自分の信頼関係の構築にも、大いに有効です。

40

疲れる気遣いでなく、「やって良かった」と思える気遣いをしよう

その気遣い、潜在意識に悪影響を及ぼす気遣いでは？

仕事でもプライベートでも、人間関係がうまくいっている人は、相手に合った気遣いができる人です。気遣いができる相手と一緒にいると、誰でも気分が良く、「もっとこの人と一緒にいたいな」と思うようになるのは当然です。

ただし、誰にでもやみくもに気を遣えばいいということではありません。人に気を遣いすぎて疲れてしまっている人も、めずらしくないでしょう。

本来、**人間関係を良くするための気遣いをすると、「相手が喜ぶ」→「だから自分も喜べる」というポジティブなサイクルが生まれます**。気遣いとは、相手も自分もうれしい、「やって良かった」と思えるアクションのはずです。

それなのに、気遣いを実践することで疲れている人もいる。というのは、つまり気遣いの中には、ポジティブなサイクルを実現しない気遣いもあるということです。

そもそも疲労というのは、行動と潜在意識に矛盾が生じているサインです。もしあなたがいま、疲労を抱えているなら、何か間違った行動をしているということ。「人に気を遣いすぎて疲れている」という状態なら、不要な気遣いグセをやめるタイミングです。

「でも気を遣うのって、正しいことですよね」と思いましたか？　ではあなたは、なぜ気遣いは正しい行為だと思い込んでいるのでしょうか。幼い頃の親からの躾の影響？　学生時代、上下関係が厳しかったから？

直接的な原因が見つかれば、潜在意識は「それで、思い込んでいたのか」と理解し、「過去を引きずって、苦しいことを繰り返すのは、もうやめだ！」と納得し、そうして悪い習慣をやめられます。あなたが、疲れるほどまで人に気を遣わずにはいられなくなったきっかけを、探ってみましょう。

気遣いといえば、先日、クリニックの患者さんから、「パートナーが何を考えているかわからず、いつも気を遣っている。夫婦の時間、どうにも気持ちが休まらない」との相談を受けました。親しい相手ならば、素の自分も見せたいでしょうし、さほど気を遣わなくても付き合える関係性でいたいはず。それができないのは、辛い状況です。

彼女に、「パートナーに、何を考えているのか聞いたことがありますか？」と聞いてみると、「一度もない」とおっしゃいます。「聞いたら、相手から怒られそうだから」とのこと。でも、怒られるかどうかは、聞いてみないとわかりません。

そんなふうに相手の反応を恐れ、相手に余計な気を遣い、疲労を被っているのは、ハッキリいって無意味です。

正面から「あなたが何を考えているのか知りたいな」と振ってみたら、あなたの興味と意欲に、相手も意外と喜んでくれるかもしれません。万が一、悪い予感の通りに怒られてしまったなら、それはそれで、相手の怒りを鎮める策を考えればいい。

相手の反応を悪いほうに考え、取り越し苦労をしているというのは、要は**あってほしくない未来を自分で想像しているだけ。わざわざ潜在意識に、起きてほしくないことをインプットしているだけ**の意味のない行動だと気づいてください。

わざわざ自分から、人間関係の苦労を引き寄せているなんて、恐ろしくありませんか？

このように気遣いとは、いい気遣いだけではないのです。潜在意識に悪影響を与える気遣いは、今すぐ断ち切ってしまいましょう。

41

「大嫌いな人」を乗り越え、苦手の克服と急成長のチャンスにしよう

大嫌いなあいつは
コンプレックスを手放すキーパーソンかもしれない

「あんな人、いなくなってしまえばいいのに」と思ったことはありませんか？　大嫌いな人のことです。もしかしたら、自分をいじめてきた相手かもしれないし、大好きな彼を横取りした人かもしれない。仕事の手柄を奪った同僚かもしれません。

ところで、私たちの人生には、なぜ大嫌いな人が現れるのでしょうか。あなた自身を成長させるためなのだといったら、驚くでしょうか？

実は、**大嫌いな人の存在が気になるのは、潜在意識が「大嫌いなあいつを乗り越えろ！」と、あなたにメッセージを送ってきているから。**大嫌いなその人は、あなたに変化と成長をもたらす、重要人物なのです。

もし大嫌いなその相手が、あなたの人生においてどうでもいい存在だったとしたら、あなたは相手に対して「無関心」のはずです。「好きの反対は、嫌いではなく無関心」という言葉もありますが、そうではなく大嫌いなのだということは、その相手を見て、あなたの中の何かが反応しているということです。

これは大嫌いな「人」に限らず、嫌な「出来事」に対してもいえることなのですが、今後は、**嫌な人や嫌なことの中には、もしかすると自分を成長させる「気づき」があるかもしれない**と考えてみてください。

たとえば、無意識のうちに「自分は口下手だ」というコンプレックスを抱えている人は、身近に口八丁の人がいれば、「なんだあいつは！　誰に対してもうまいことばかりいって！」と妬ましく思うでしょう。もしそんなコンプレックスとは無縁であれば、せいぜい「あの人はいつも調子がいいよね」くらいにしか思わないはずです。

でもここで、「口八丁のあいつのことを、自分がここまで大嫌いだと感じるのはなぜだろう。何か、自分を成長させるヒントがあるのかもしれない」と考えてみるとどうでしょう。いまの自分の会話能力を冷静に振り返り、向上するきっかけにできるかどうかは、本人次第です。

それまで、なるべく見ないようにしていたコンプレックスを受け入れて、本から知識を得たり、話し方教室に通ったりなどの努力を重ねて、そうして苦手を克服できたなら、大嫌いだった相手のことも、恩人のように捉えられるかもしれません。

王貞治《おうさだはる》さんが福岡ダイエーホークス（現福岡ソフトバンクホークス）の監督をされていた時代のエピソードで、印象深いものがあります。

チームがなかなか勝てない中、怒ったファンが、王さんと選手たちが乗ったバスに生卵をぶつけたことがありました。卵が飛び散って、バスの中からは外が見えないくらいだったそうです。

選手の中には「あんなやつら」と捨て台詞を吐く人もあったそうですが、王さんはその後のチームミーティングで、「ああいうふうに真剣に怒ってくれるのが、本当のファンだ。あの人たちを喜ばせるのが俺たちの仕事。それができなければプロではない」とおっしゃったそうです。

この生卵事件の数年後から、ダイエーは常勝軍団になりました。嫌な人や嫌な出来事も、受け止め方次第で、劇的な成長へのチャンスになるのです。

42

些細な感謝をこまめに伝え、心地の良いパートナーシップを築こう

親しい間柄だからといって
「ありがとう」を省略しないで

たとえ見返りを求めていなかったとしても、誰かに何かしてあげたとき、まったく感謝してもらえなければ、「自分の存在価値って?」と悲しくなるのは当たり前です。**「感謝されないというだけのことで、こんなに虚しくなるなんて……。私はなんと心が狭いんだろう」などとは、絶対に思わないでください。**

逆に、あなたが、何かしてもらった側の立場だとしたら、手を貸してくれた相手に対して「ありがとう」と伝えたり、「どんな行動で、お返しができるかな」と考えたりするのは、とても大事です。

ある男性が、お付き合いをしているパートナーとのデート代を、いつも100%払っていたとします。そのこと自体に不満はなくとも、いつもパートナーが「それが当然」のような顔をしていたら、どこかモヤッと感じるでしょう。

夫婦関係でも同じです。お手伝いさんがいない限り、毎日の晩ごはんは、夫か妻のいずれかが準備することになります。ごはんを作ってもらったとき、「私のほうが忙しいんだから、相手が作るのは当たり前」という顔をするのではなく、「今夜のごはん、とてもおいしかったな。ごちそうさま」と感謝を示すほうが、夫婦関係がうまくいくのは当然です。親しい間柄であればあるほど、感謝を言葉で表すのは、とても大事な習慣です。

実際、「『ありがとう』の一言があるから、がんばれる」という思いを、誰しも経験したことがあるはずです。

もし、あなたの隣にいる人が、感謝の一言をどうしてもいわない人で、あなたが虚しい気持ちに陥っているなら、試していただきたい策があります。あなた自身が、感謝の言葉を増やすという方法です。

このとき、ただ「ありがとう」だけではなく、「荷物を持ってくれてありがとう」「ごはんを残さず食べてくれてありがとう」と、何について感謝しているのかを強調するのがコツ。**感謝の対象とするのは、些細な行動であればあるほどいいです**。小さなありがとうをこまめに繰り返すうち、相手の潜在意識は、「そういうことが喜ばれるのか」「そういうときは感謝するものなのか」と、感謝の必要性を理解するからです。そうするうち、相手の潜在意識もだんだん、日常的にあなたがしてあげている大小のアクションについて、感謝の言葉がいえるようになります。

もし、どうしても相手への感謝のネタを見つけ難いときは、感謝の機会をつくってしまうのもありです。ペットボトルのフタを開けてもらうとか（自分で開けられるとしても）、電球を替えてもらうとか（自分で替えられるとしても）、ちょっと肩を揉んでもらうとか（こっていないとしても）……。

万が一、あなたがいくら「ありがとう」を増やしても、相手の潜在意識が反応しないようだったら**「私は、感謝を言葉で伝えてほしい」と相手にハッキリいってしまいましょう。**

「そんなのいわなくてもわかるでしょ」と返されたとしても、「それでもいってほしい」と粘り強く伝えてください。

そこまでいっても、「感謝し合える関係性でありたい」というあなたの意志が通じず、相手が変わらないなら、残念ですが、別れてしまうほうがいいかもしれません。感謝されない虚しさを感じ続けたり、あなたまで「ありがとう」をいえない人間になってしまうのは、もっと残念なことですから。

43

誰かに嫉妬するよりも、自分を磨いて、嫉妬される側の人になろう

嫉妬ではなく応援を受けたいなら
圧倒的な存在になればいい

嫉妬とは、自分と似ている人や能力的に同レベルの人が、自分より大きな成果を得たり、急に成長したり、そんなときに抱く感情です。自分とはまったくレベル違いの人に対して嫉妬を感じるというのは、あまり聞きません。

「同期のあの子ばかり、結果を残しているのが悔しい」「友人の幸せを素直に喜べない」のような嫉妬の念に苦しんでいる人から相談を受けることがあります。

そのようなとき、私はどんなふうにアドバイスしているか。ちょっと厳しいと思われるかもしれませんが、**誰かに嫉妬してしまうのは、嫉妬している本人に、まだ努力が足りない証拠**です。

たとえばあなたの職場に、何も努力していなさそうなのに、社内の評価が高い同僚がいて、あなたは嫉妬しているとします。でも、あなたが感じている「あの人は何も努力していなさそう」というのは、あなたの想像でしかありません。実際にはその同僚は、コツコツ地道な営業を積み重ねており、その結果、クライアントとの関係を盤石なものにしたのかもしれません。日々の勤務後、あなたがのんびりしている時間も、国内外のさまざまな情報に触れて知見を深め、その結果、世の中のニーズを捉えた斬新な企画を提案できたのかもしれません。

「その成功って、棚ぼたじゃない？」「たまたま運が良かったんじゃない？」というふうに見えたとしても、その感覚は間違っているかもしれません。成功している、評価されているということは、イコール、本人はやるべきことをやっていたのです。

嫉妬して、辛い気持ちになって、それだけではもったいないです。それよりも、嫉妬してしまった相手にあって、自分にないのは何か。どんな努力を積めば、相手よりもさらに上を目指せるのか。**思考を突き詰め、潜在意識の奥深くから、自身の変化のきっかけを見つけるほうが断然いい**と思いませんか。

ここまでの話とは逆のパターンで、嫉妬される立場にある人から相談を受けることも稀にあります。そのようなときの回答は実にシンプルで、「気にすることはありませんから、嫉妬させておけばいいですよ」とアドバイスするのみです。

自分の努力が足りないだけなのに、妬んできたり、邪魔をしてきたり……。たとえ同僚や同業者だったとしても、そんな人との人間関係を大事にする必要はあるでしょうか。そんな相手のせいで、自分のメンタルを下げるのはもったいないこと。相手にするよりも、少し距離を置くほうが賢明です。

そもそも、嫉妬している人というのは、その人の努力を知らないで羨ましがっているだけ。もし、その栄光の陰にどんな努力があったのかを理解したら、軽々しく「あいつばかり運がいい」とか「足を引っ張ってやれ」とかいわないはずです。

ただし、気にすることではないとはいえ、いらぬ嫉妬は避けておくほうがベターでしょう。それには、周囲の人たちよりも圧倒的に高いレベルに到達してしまうこと。あなた自身の能力、魅力をどんどん磨いて、ちょっとやそっとでは誰も追いつけないほどの存在になってしまうことです。

自分の理想をどんどん叶え、**誰からも「自分とは天と地ほど差がついている。絶対にかなわない。あの人はすごい」と思わせることができたら、もはや嫉妬など起きません。**逆に、みんなあなたに感服し、嫉妬どころか、むしろ応援してくれるようになります。

44

恐れの原因を振り返り、人付き合いに踏み込めない自分を変えよう

「付き合いが面倒くさい」はあなたの本心ですか？

私はパーティーやレセプションなど、人がたくさんいる場所に積極的に参加するタイプではありません。もちろん「井上先生に挨拶をしてほしい」などお招きを受けたら、予定が許す限り、登壇させていただきます。

でも、自分の役割が終わったらすぐに帰ります。基本的に、おおぜいで過ごすのはあまり好きではないのです。

先日、学習意欲が旺盛な女性から、こんな質問をされました。「私は、おおぜいの人となんとなくワイワイと時間を過ごすのが苦手です。というか、そういう時間に意味があるとは思えないのです。学びは得たいので、自分にとって必要だと思うセミナーには参加しますが、セミナーで必要な学びだけ吸収したら、セミナー後の懇親会には、できれば参加したくない。そういう姿勢でもだいじょうぶでしょうか?」

もちろん問題はなく、私の普段の行動と、大差はありません。ただ私は、そのときの彼女の発言には、彼女の潜在意識にある、人間関係への恐れが入り混じっているように感じられたのです。

実は彼女は、子どもの頃からアトピー性皮膚炎を患っていて、私と出会ったばかりの頃は、まだ痛々しい顔色をしていました。近年、腕のいい皮膚科に通うようになって、肌はずいぶんきれいになったのですが、「もしかしたら、アトピーが原因で、過去に人付き合いで嫌な経験をしたのを、まだ引きずっていない？　知らない人と人間関係を築く機会を、自分から遠ざけているんじゃない？」と聞いてみたところ、彼女は、「そうかもしれない」と答えました。

彼女は、**おおぜいの知らない人と過ごす時間について、本心から「意味がない」といっているのではなく、むしろ人間関係をもっと広げたいにもかかわらず、過去のトラウマが原因で、積極的な人付き合いができずにいました。**

そういう事情が読み取れたので、私は、「普段なかなか会えない人と話す機会なのだから、懇親会にも、できるだけ参加するほうがいい」と彼女の背中を押しました。

人の輪に飛び込んで、参加者どうしで話が弾めば、魅力的な友人ができたり、心を惹かれるすてきな男性に出会ったりといったこともあるかもしれない。講師ともより近距離で関わることができますから、学習意欲もいっそう満たされます。
新しい出会いから、新しい行動や思考が促されれば、その出会いが夢を叶える大きな転機になるかもしれません。人生がもっと豊かになるかもしれません。

もし人付き合いを楽しみたいのであれば、過去の嫌な体験に囚われ続けた結果として、出会いを遠ざけ、将来的に「寂しいな」「人間関係を広げておけば良かったな」と後悔するのはもったいないことです。

もっと人と接したいのに、「付き合いが面倒くさい」と強がって、一人で過ごしている人が、実はけっこういる気がします。そういう人たちのうちの少なからずは、過去に人間関係で苦しんだ記憶に囚われているのではないでしょうか。
もうその過去は乗り越えているからだいじょうぶ、と自分では思っているとしても、潜在意識のレベルで未処理の場合、思いに反して、人を怖がってしまいます。「人の輪に入りたいのに入れない」という人は、潜在意識にある未処理の感情に気づくとともに、勇気を出していただきたく思います。

45

偉ぶった言葉より、人の役に立つ言葉。命令よりも依頼の言葉を選ぼう

職場でも家庭でも、いいたいことを全部いう必要はない

誰かの言葉に対して、「この人は、なんでそういうことをいうのかな？」と感じた経験はありませんか？　良好な人間関係を築くルールの一つに、「いいたいことを全部いう必要はない」というものがあります。そのルールを守らない人がいると、その人以外のみんなが、モヤッとさせられることになります。

私自身も思いついたこと全部を口にしたりはしません。たとえば、誰かに対して「もっとこうしたらいいのに」と気づいたことがあったとしても、相手がその気づきを求めているときにしか伝えないスタンスです。求めてこない人は、きっと自分という「コップ」がすでに満杯なので、こちらが新たに水を注いでも、こぼれてしまいます。水を注ぐのは、悩みに対して新たな視点がほしい人に対してだけでじゅうぶんです。

あなたの職場に、誰も聞いていないのに、「僕は社歴が長いから、会社の人たちのことをよく知っている。だから教えてあげるんだけれど、○○さんは優秀だし人望も厚いから仲良くしておくほうがいい。でも、××さんとは適当に付き合っていればいい」のような話をしたがる人はいませんか？　その情報が正しいか正しくないかはどうでも良く、聞いていて気持ちいい話ではありません。

そんな話を聞いて、「この人はいろんなことを知っていてすごいな」なんて、絶対に誰も思うわけがないのですが、話している本人は、そのことに気づきません。

誰かの批判や悪口を日常的に口にしているのは、その人の潜在意識においても、決していい影響がありません。聞かされている側も、そのネガティブな感覚に染まってしまっては危険です。

ネガティブな発言をしている人を見て、「この人、すごい」と思うことなどあるでしょうか。**すごいと思われたいなら、偉ぶった言葉や訳知りな発言よりも、いま仕事で悩んだり困ったりしている人が必要としている言葉、手助けになる言葉を選ぶほうが正解**なのはいうまでもありません。感謝と信頼もついてきます。

家族であっても、いわないほうがいいことがあるのは同様です。特に、親から子どもへの発言には、落とし穴が多いです。命令、脅し、誰かとの比較、悪い未来の予告……。親の不用意な一言を、子どもは大人になっても、ずっと覚えていたりします。自分を傷つけた言葉を何度も心の中で反復するうち、潜在意識に刻まれてしまうからです。

「ゲームばかりしていたら没収するよ」「お兄ちゃんと比べて出来が悪い」「このままだと、ちゃんとした大人になれないわよ」など、あなたも、いったりいわれたりしたことがあるかもしれません。親としては「この子は、いわなきゃわからないから」と思って発言するのでしょうが、**本人にまだ自覚がないことを、他人の発言によって気づかせるというのは、相手の心に土足で踏み込むのと同じ。**本来、外からいわれなくても、本人の潜在意識が、最適なタイミングで、必要なことに気づかせてくれるものです。

あなたが、自分の子どもの行動について、どうしてもいますぐ変えてほしいと考えているときは、「○○しなさい」でなく、「○○してほしいな」と依頼の表現で伝えるだけでも、子どもの受け止め方は違います。もし、その子があなたの依頼の通りに変わったら、「良かった。ありがとう」と伝えましょう。そのほうが子どもの潜在意識に、「親のいうことを聞いておいて良かったな」と、いい記憶が刻まれます。

46

世代を超えて繰り返される「負の連鎖」は自分で終わりにしよう

潜在意識でカルマを解放！過去を断ち切るか否かは自分次第

「結婚相手は親を見て選べ」とは、昔からよくいわれる言葉です。誰しも、育った環境に大きな影響を受けているのは、否定できない事実でしょう。

ある知人の銀行員の男性から聞いた話なのですが、彼は、若い頃に上司からこの言葉を聞かされた際に、「なんて古い考えを持っているのだろう」と内心憤慨したそうです。しかし業務の中で多くのお客様と接し、お金の絡む人間模様に触れるうちに、この言葉の正しさを実感できるようになったとのことでした。

育ってきた家庭の金銭感覚がまったく違う者どうしの夫婦は、理想とするライフスタイルや子どもの教育などで大きな相違を抱えがちで、その相違を埋められずに最終的に離婚を選んだ夫婦を、彼は何組も見たそうです。

誰しも結婚するときには、価値観が異なる相手であってもうまく折り合いをつけられると信じているし、「育ってきた環境が違うから、離婚の可能性もあるかもね」などとは決して想定しません。それでも、潜在意識に刻み込まれた親の影響から逃れられず、想定外の結果を選んでしまう例は、残念ながら少なくないようです。

確かに、潜在意識の影響は大きいです。しかし、**幸せな人間関係を築く妨げとなる記憶は、自分次第で手放せる**と知っていたら、違う展開もあったかもしれません。

お母さんもおばあさんもひいおばあさんも離婚しているという家系の人が、「自分は違う」と思っていても、やはり離婚してしまったという話を聞いたことがあります。本人はどこか残念そうにしつつも、「やっぱり私もお母さんと同じ」といっていたそうです。

でも、お母さんたちはどうであれ、彼女は彼女。彼女にとってのパートナーシップの理想とは？　人生の理想とは？　一人の人を大切にし続ける人生が本当に理想だったなら、カルマ（宿命）だと諦めず、なんとかしようとすることもできたはずです。

自分は、相手をどれだけ理解しようとしたか。自分を開示し、知ってもらおうとしたか。二人で歩むビジョンを共有していたか……。それまでのパートナーシップを振り返れば、おそらく彼女は、もっと努力できたことに気づいたはずです。その、突き詰めて考える作業をしてから前に進まないと、もしその後、誰かすてきな人と再婚できたとしても、また同じ問題を繰り返すことになりかねません。

カルマだからといって、理想通りではない自分の人生を受け入れてしまうなんて、全然おもしろくありません。「負の連鎖が繰り返されている」と気づいたなら、なんとかして連鎖を断ち切るほうがいいです。

ある経営者の男性は、仕事ができて社員からの人望も厚かったのですが、外に愛人をつくり、家族を顧みない生き方をしていました。それは、彼の父親と同じ姿でした。「母親を何度も泣かせて、ああはなりたくない」と強く考えていたにもかかわらずです。

しかしあるとき、不倫相手とケンカをしたら、相手が会社に乗り込んできて大騒ぎに。修羅場を経て、彼は、家族も不倫相手も、誰一人幸せにできていない自分の不甲斐なさに、ついに気づけたそうです。

彼は、本来自分が望んでいた通りに、家族を大切にするようになりました。すると会社もさらに大きく発展して、持病も治って、いまの彼は、とても満足な人生を送っている様子です。**理想の生き方と理想ではない生き方。それぞれを潜在意識で描けていれば、カルマを断ち切り、人生を変えられる**という好例です。

47

苦しかった過去の人間関係を「学び」「救い」という価値に変えよう

相手を許せなくとも
気持ちを想像できれば痛みを昇華できる

子どもの頃の親からの虐待、学校や職場での精神的な暴力などの経験が、その後の人とのコミュニケーションに影を落とし、親密な人間関係を結ぶのをためらわせている例は、悲しいことですが、めずらしくありません。

中には、「母親に虐待されて育ったため、自分も同じことをするのではないかと不安。子どもを持ちたいけど勇気が出ない」「信頼した人が詐欺師で、全財産を取られてしまった。それ以来、誰のことも信じられない」など、口にすることもはばかられるほどつらい経験をした人もいます。

そういう人に対する、「自分を傷つけた人を許しなさい。そうすれば前に進めます」などというアドバイスを目にすることがありますが、当事者にとってはそう簡単にはいかないでしょう。時間では解決しようのない問題、いつまでもトラウマとして残ってしまう問題もあるのです。

しかし、解決できないからといって、そのまま憎悪を募らせて生きるのも苦しいものです。このような場合の策としては、もし、その過去を思い出しても冷静でいられるほどの心理状態なら、相手を許すまではいかなくても、なぜ相手はそんなことをしたのかを、自分なりに想像してみてください。**自分に想像できる範囲内での理解であっても、相手の事情を受け止められると、潜在意識は、苦しかった過去を昇華し、「学び」という価値に変えてくれます。**

なお、心理的にまだそこまで落ち着いていない場合は、カウンセラーなどの専門家の手を借りることも一案です。

私の知人に、中学時代に壮絶ないじめにあったという人がいます。当時はつらい思いをしたそうですが、社会人になって、職場で後輩どうしのいじめがあったときに、一切の迷いなく、間に入って、その問題を解決したそうです。

彼女は、自分が受けた痛みを、「あってはならないこと」として潜在意識に刻み込んでいたのですね。その痛みは、彼女にとって「価値ある学び」となり、何年も経ったあと、彼女に近しい人を救いました。

反対に、痛みを与えた人、つまり加害者は、罪悪感を一生背負っていくことになります。謝罪の機会が与えられれば幾分かは楽になるかもしれませんが、それでも罪の意識が完全に消えることはありません。

罪悪感が、潜在意識に永遠に刻まれたまま生きるのは、かなり苦しいです。というのも、**罪悪感というのは、多様なネガティブ感情の中でも、非常に重たいエネルギーの一つ。**なぜなら、「自分は最低な人間だ」「自分は悪魔だ」「うまくいかないのは全部、過去の自分の行いのせい」といったふうに、自己否定の温床になるからです。「いじめた側は、いじめたことを忘れてしまう」といわれることもありますが、罪を犯すというのは、潜在意識レベルで考えれば、そんなに軽い問題ではありません。

では、潜在意識に残された罪悪感を、「価値ある学び」として活かすにはどうすればいいでしょうか。たとえばですが、自分の身近で、過去の自分と同じ罪を犯している人を見つけたときに、自分の経験を包み隠さずにシェアして、罪悪感のつらさを伝えてあげることができるかもしれません。

誰かに気づきを与える存在になれれば、その行動は、自身の救いになるかもしれません。

48

人への執着はエネルギーバランスの不均衡！思い切って手放そう

一方通行のエネルギーでは人間関係はうまくいかない

離れたくない、離れたくない……。誰かに対して、そんな「執着心」を募らせている人はいないでしょうか。

特に、恋人関係や親子関係、師弟関係では、人への執着が生まれがちです。恋人関係においては、パートナーを束縛する、フラれた相手をいつまでも引きずってしまうなど。親子関係では、親から子どもへの過干渉。師弟関係では、好きな先生の一番の生徒になりたいと思うというケースが多いですが、逆に、目をかけた生徒が他の先生と仲良くしているとモヤモヤしてしまうというケースもあるようです。

自分の執着の念に気づいている。執着するのがつらい。もしあなたがそういう気持ちで過ごしているなら、それは潜在意識からの、**「その人とはもう離れなさい」**、**「その人との関係性をこのまま続けていても、残念ながらもっとつらくなるだけですよ」**というメッセージです。

最近、ある女性からこんな話を聞きました。彼女は、それまでいろいろ悩みを聞いたり、アドバイスしたりなど、親身になって応援していた知人との距離がだんだん離れていくことに、苦痛を感じていました。

「なぜこんな気持ちになるのだろう?」「そもそも、自分がその人と関わっている意味とは?」と潜在意識を掘り下げてみたところ、次のような考えに至ったそうです。

知人から最初に悩みを打ち明けられたときから、彼女はいつも「この人を助けてあげたい」という善意で接していた。相手の足りないところに気づくたび、情をどんどん注いでいった。伝えたいこと、サポートしたいことがたくさんあって、そのうち、相手から求められているかどうかも考えず、いっそうの情を注ぐようになってしまった。

でも、本当に良い人間関係であれば、双方の間には「与え、与えられる」という循環があるはずです。たとえ相談する側、される側という関係性であったとしても、エネルギーが一方通行なのは、好ましい関係性とはいえません。


自分から離れていく相手に対して、執着の気持ちが生じた原因は、一つには、相手の許容量を超えて、エネルギーを与え続けたせいだったのかもしれません。あるいは、相手からのエネルギー（何らかの反応、感謝、お返しなど）が足りなくて、「こんなにやってあげているのに」「何かリアクションが欲しい」と不満が生じたせいかもしれません。いずれにしても、相手の側は、彼女との距離を置きたがっているのですから、エネルギーバランスの改善は図れません。

執着とは、相手に求められていないにもかかわらず、自分から相手へのエネルギーばかりがもっともっと強くなっていくことです。放っておけば、エネルギーバランスがさらに悪化するのはいわずもがなです。

だから、執着がつらいときは、潔く方向転換するしかないのです。

執着するほどこだわっている人から離れるのは、もちろん簡単ではありません。でも、いざ気持ちを切り替えて、相手から離れることができれば、相手に対するネガティブな感情にもう苦しむ必要はありませんし、何より、相手との関係を余計にこじらせずに済むでしょう。

人間関係は一方通行では決して維持できない。双方でエネルギーが循環していることが大事。執着は、そのことに気づかせてくれる貴重な体験です。

49

友だちゼロでも問題なし。「友だちは必要」という思い込みを捨てよう

ただし、ふとしたときに気軽に話せる人はいるほうがいい

私にとっての幸せとは、「心地いいと思える人と一緒にいること」です。自分の人生を振り返るに、数は決して多くありませんが、本当に心地が良い少数の人と付き合ってこれて良かったと思います。

必要以上にたくさんの友だちや、広い人脈などというのは、私にとっては全然必要ではありません。


でも世の中には、「私は友だちが少ないから、いつも寂しい思いをしている」という人が、年齢を問わず少なくありません。そういう人にお伝えしたいのですが、大人になって、仕事をしたり家庭を持ったりして日々忙しく過ごしていたら、友だちと呼べる人と会ってごはんを食べるなんて、年に数回で上出来ではないでしょうか。

毎月一回なんてかなり難しいですし、毎シーズン一回でも、人によってはハードルが高いと考えます。

「何でも話せる友だちがいないから、寂しい」という話も、よく聞きます。でも、何でも話せる友だちなんて、むしろいないほうが普通ですよ。

学生の頃と違って、大人になれば、友だちどうしでもけっこう気を遣うものです。仕事の業界が違う、年収が違う、家族構成が違う……となると、学生時代にどんなに仲良くしていた間柄でも、だんだん互いの価値観が異なってくるのは避けられません。

それなのに、「あなたは私の友だちだから」と、自分の勝手な価値観で愚痴や悩みばかり話していては、相手にとってかなり重いはずです。

これからは、もう「友だちが少ない私は、人間的に魅力がない、劣っている、人生を楽しめていない……」などと考えないこと。友だちが少なくても、何でも話せる友だちがいなくても、まったく問題ありません。

ただ、ふとしたときに、気兼ねなく声をかけられる相手くらいはいたほうがいいと考えます。

近所の人に挨拶をしたり、スーパーのなじみの店員さんに「いつもありがとう」とお礼をいったり、ベビーカーを押す若いお母さんに「何歳ですか？　かわいいお子さんですね」と声をかけたり……。そんなちょっとした一言を発するだけで、一日じゅう黙って過ごすよりも、心が元気になりますし、潜在意識もいい状態に保てます。
ちなみに最近では、そんなニーズを汲んで、ただお客さんの話を聞いてくれる「聞き屋」なる職業の人も存在するそうです。

私たちはコロナ禍で、「できる限り、人と話してはいけない」という異常な環境を経験しました。人と距離を取ることでストレスが減ったという人もいましたが、反対に、人と気軽に話せないことで神経が参ってしまった人もいます。
米メリーランド大学の研究結果によると、男性が一日に発する単語数は平均7000語。一方、女性の場合は平均20000語とのこと。女性が男性のおよそ三倍もの単語数を発しているとは驚きですが、いずれにせよ男女を問わず、誰とも話さないというのは、私たち人間にとってかなり不自然な状態だったのでしょう。

人間は、なぜ言葉を話せるのか。それは、自分以外の誰かと心を交わすためです。話すという行為は、生きるために絶対的に必要なものだと思います。

50

人とリアルに繋がって、クリエイティビティを活性化させよう

オンラインが普及したいま、「あえてリアルで会う」ことに価値がある

コロナの蔓延によって、社会様式は大きく変化しました。徐々に導入されつつあったオンラインミーティングやテレワークも、コロナを機に一気に普及しました。私のような医師をはじめ、「リアルで会わないと仕事にならない」という人も、もちろんたくさんいます。一方、そうではない仕事に従事する多くの人は、必要な情報を伝達するだけならオンラインでじゅうぶんだと考えるようになりました。

しかし、オンラインでのやり取りについて「何かが違う」「どこか物足りない」と感じている人は、意外と少なくないのではないでしょうか。たとえば会議や打ち合わせにおいて、「パソコンの画面では、相手の反応がハッキリと読み取れない。そのせいか、話が進めづらいし、盛り上がりに欠ける」などと思ったことはありませんか？

特におおぜいでの会議では、画面上に映るメンバーたちの顔は、ごく小さくしか表示されません。自分が話している内容について、会議の参加者たちがどういう表情で受け止めているのか。興味があるのかないのか。賛成なのか、反対なのか。よほど大きなリアクションをしてくれる人でない限り、画面越しでは察することができません。

人が、コミュニケーションの中で相手から受け取る情報の大半は、相手の話している内容（言語情報）ではなく、相手の雰囲気（非言語情報）です。アメリカの心理学者、アルバート・メラビアンの行った実験によると、言葉で伝わる情報は、情報全体のわずか7％しかないそうです。

私たちは、誰かと同じ空間を共有することにより、相手の潜在意識から発せられるエネルギーを、無意識のうちに読み合っています。そうして、相手のエネルギーと自分のエネルギーの掛け合わせを起こすことで、何か重要なひらめきや、クリエイティビティを発揮しているのです。しかしオンラインでは、そういう現象はほとんど期待できません。

また、互いの気持ちというのは、リアルに接するからこそ伝わるものではないでしょうか。**リアルなやり取りでは、私たちは表情、姿勢、ジェスチャー、相槌、アイコンタクトなど全身を総動員して、潜在意識レベルで、相手とのコミュニケーションを深めます。だからこそ、信頼や親しみを醸成できる。**そうして得られる情報の多さや記憶の濃さは、オンラインのやり取りとは比較になりません。

さらに、近年の医学分野での研究によると、人は誰かとリアルなコミュニケーションをするとき、幸せホルモンと呼ばれるオキシトシン（脳内物質）を分泌させ、癒しを得ているそうです。オンラインの人付き合いには、こうした癒しがありません。孤独感がつのれば、精神のバランスを崩しやすくもなるでしょう。

テクノロジーが人の仕事を代替していく流れは、加速する一方です。合理化が進み、たとえば病院の自動会計、コンビニやスーパーの無人レジなど、人を介さないサービスはますます増えるでしょう。しかし逆に、コミュニケーションの希薄化によって、人との繋がりの価値が見直されているとも感じます。

人類は、繋がりによって生き延び、そして進化してきました。

私たちがこれからも成長し、進化し続けていくためには、オンラインの合理的な部分を活用しつつも、人と人とのリアルな繋がりの中で、互いに能力を高め合い、気持ちを通わせ、癒し合い……そうして、もっと幸せな人生を叶えていくのではないでしょうか。**互いが助け合う「共存共栄の人間関係」が理想なのは、これからも永遠に変わりません。**

おわりに
潜在意識と深く繋がり、問題の本質的な原因を突き詰めよう

最後までお読みいただきまして、ありがとうございます。

今回、久しぶりに潜在意識について書くにあたり、その本質が理解でき、なおかつ現実の人間関係の悩みやストレスの解決に役立つものにしたいと強く思いました。

私が書く本の多くは、ビジネスパーソン向けの内容です。しかし、ご承知のように、人間関係の問題は仕事上だけで起こるわけではなく、パートナー、親子、ママ友や趣味の仲間などの友人関係……と、悩みの源は多岐にわたります。ですから今回は、十代から中高年まで幅広い年齢層の方々の、さまざまな人間関係を想像しながら執筆しました。

きっと、どなたにとっても、ご自身の周囲にいる人たちの顔を思い浮かべながら読める内容になったのではないでしょうか。

本書を読むことで、誰でも、潜在意識の本質的な理解を深めつつ、それをリアルな人間関係に落とし込んで活用できるレベルにまで到達できます。

このような形で潜在意識の使い方を説いた本は世界初ではないでしょうか。

多くの人は、自分の人間関係について深く考えることをしていません。

しかし、「なぜAさんは急によそよそしくなったのか」「なぜBさんにはいいたいことがいえないのか」「なぜCさんと会うといつも疲れるのか」……。どんな問題であれ、解決には、自身の丁寧な思考が必要です。なぜその問題にぶつかったのか。なぜストレスを感じるのか。その本質的な原因が見えないまま、感覚で行動してしまっては、たとえ表面的には問題が解決したとしても、必ずまた同じような問題に直面します。

問題の本質を見極め、根本的に解決するためには、「なぜ」を突き詰める習慣をつけること。それが、潜在意識を磨き、使いこなすために最も大切な姿勢です。

本書を参考に、何事も丁寧に考えるクセをつけること。そうして自分の潜在意識と深く繋がって、自分をよく知り、その上で、目の前にいる相手の気持ちを察することができる人になってください。

察するとは、相手と自分の違いを適切に分析、理解したうえで、相手の状況を想像する力です。もし相手の側に何か問題があるように感じる場合でも、あなたに察する力があれば、相手への印象が変わり、接し方を変えられます。自分にできる最善を尽くし、相手の立場で物事を考えたり、相手を思いやったりするのは、まさに上質な潜在意識あってこそのコミュニケーションです。

生きている限り、人間関係はついて回ります。人間関係は、悩みやストレスのきっかけになりがちですが、同時に、人生を好転させるファクターでもあります。

潜在意識について理解を深めたあなた。あなたのこれからの人生が、価値ある人間関係に彩られ、希望にあふれたものになるよう、心から願っています。

井上裕之

井上裕之

1963年、北海道生まれ。いのうえ歯科医院理事長。歯学博士、経営学博士。東京医科歯科大学非常勤講師を含め国内外7つの大学で役職を務める。世界初のジョセフ・マーフィー・トラスト公認グランドマスター。東京歯科大学大学院修了後、ニューヨーク大学、ペンシルベニア大学、イエテボリ大学などで研鑽を積み、故郷の帯広で開業。その技術は国内外から高く評価され、特に最新医療・スピード治療はメディア（情報番組「未来世紀ジパング」）に取り上げられるなど注目を集めている。ジョセフ・マーフィー博士の「潜在意識」と、経営学の権威ピーター・ドラッカー博士の「ミッション」を統合させた独自の成功哲学「ライフコンパス」を提唱し、「価値ある生き方」を伝えるべく全国を飛び回る。テレビ「奇跡体験！アンビリバボー」で紹介され大きな反響を呼んだ『自分で奇跡を起こす方法』（フォレスト出版／文庫版はKADOKAWA）ほか、『「学び」を「お金」に変える技術』（かんき出版）、『なぜかすべてうまくいく　1％の人だけが実行している45の習慣』（PHP研究所）などベストセラー多数。著書累計は130万部突破。

公式サイト
https://inouehiroyuki.com/

いのうえ歯科医院
https://www.inoue-dental.jp/

Instagram
@hiroyukiinoue0403

YouTube
井上裕之Official Channel

Staff

ブックデザイン …… Bookwall
撮影（著者近影）…… 後藤利江
DTP …… サカナステュディオ
校正 …… 東京出版サービスセンター
編集協力 …… 林美穂
編集 …… 伊藤頌子（KADOKAWA）

人間関係《にんげんかんけい》が整《ととの》うとすべてうまくいく

2023年1月19日　初版発行

著　井上裕之《いのうえひろゆき》

発行者　山下 直久

発行　株式会社KADOKAWA
〒102-8177　東京都千代田区富士見2-13-3
電話　0570-002-301(ナビダイヤル)

印刷所　大日本印刷株式会社

● お問い合わせ
https://www.kadokawa.co.jp/
(「お問い合わせ」へお進みください)
※内容によっては、お答えできない場合があります。
※サポートは日本国内のみとさせていただきます。
※Japanese text only

定価はカバーに表示してあります。

ISBN 978-4-04-605853-9 C0095